营人心的管理策略

人与用人的双重秘诀

管理中的心理学诡计

中基层管理人员的实用心理学教程

妙趣横生的心理谋略，实用有趣的管理技巧

管理人员的最佳心理学读本

用心理学战术化解管理中的重点难题

冠 诚◎编著

北京理工大学出版社

图书在版编目（CIP）数据

管理中的心理学诡计：中基层管理人员的实用心理学教程/冠诚编著．—北京：北京理工大学出版社，2010.12

ISBN 978－7－5640－3821－2

Ⅰ．①管…　Ⅱ．①冠…　Ⅲ．①管理心理学

Ⅳ．①C93－05

中国版本图书馆 CIP 数据核字（2010）第 183662 号

出版发行／北京理工大学出版社
社　　址／北京市海淀区中关村南大街 5 号
邮　　编／100081
电　　话／(010)68914775(办公室) 68944990(批销中心) 68911084(读者服务部)
网　　址／http：//www.bitpress.com.cn
经　　销／全国各地新华书店
印　　刷／北京柯蓝博泰印务有限公司
开　　本／710 毫米×1010 毫米　1/16
印　　张／15
字　　数／220 千字
版　　次／2010 年 12 月第 1 版　　2010 年 12 月第 1 次印刷
定　　价／28.00 元

责任校对／张沁萍
责任印制／母长新

目 录

第一篇　自我心理管理：中基层管理者必备的心理要素

心理准备就是在进行某项行为之前所做的心理管理，就是将自己的心理机能提高到和行为相适应的高度上来，以便行为的顺利实施。管理者在进行管理活动之前，首先应该从心理上对所要进行的管理行为做必要的心理准备，这样才能在管理的过程中将管理行为和管理思想真正贯彻到位。

成功人士与失败人士之间的差别是：成功人士始终用最积极的思考、最乐观的精神和最辉煌的经验支配和控制自己的人生。失败者刚好相反，他们的人生是受过去的种种失败与疑虑所引导和支配的。态度就是一种心理能力，这种能力足以左右你对事物的看法和判断。

第二篇　对上级的心理管理：中基层管理者的心理难题

要想和上级建立积极、和谐的工作关系，作为下级应该首先用心分析上级的真正意图、想法、好恶，理解上级的处境和工作做法，从心理上做好与上级和谐相处的准备。上级固然是领导，但他首先是一个人。作为一个人，他有他的性格、爱好，也有他的语言习惯等。你必须了解清楚，才能与上级建立并保持积极、和谐的工作关系。

在工作中，上级领导下级，但同样上级也需要下级的配合。因为，许多工作都是由下级来具体操作的，上级更多的是进行决策和规划。作为下级，除了服从上级外，还要更多地从上级的角度和心理出发，摆正自己作为下级的心理状态，体现自己作为下级的素质。

一个不被上级所接纳的下级显然是无法开展工作的。要想使工作顺利进行，作为下级就要想办法和上级之间建立心理上的认同和默契，使上级从心理上真正接纳你，这样才会有与上级在工作中的配合和默契可言。你的上级从心理上接纳了你，才能真正接纳你所做的一切，接纳你的发展决策。因此，作为管理者必须给上级留下好印象，从上级的心理角度出发，体谅上级的处境和难处，真正从心理上与上级相通。

第三篇 对下属的心理管理：中基层管理者的心理学诡计

要管理下级，就必须首先了解下级。而了解下级就必须从了解他们的心理和性格入手。因为，下级的行为表现出他们的心理倾向和性格特点，因此，管理者要想真正懂得下级的心理和心理需求，就必须用心去解析下级的行为，把握下级心理的活动规律，这样才能更好地管理下级。

当中基层管理者向下级推行某项任务时，如何才能让下级不出现逆反心理，拿管理者的话当回事，严格按照自己的意愿有条不紊地去执行，实是一门大学问。这门学问的关键是管理者必须洞悉下级的心理，知道员工对于上级命令的心理反应，从而有针对性地去避开他们的逆反心理，迎合他们的情趣，确保有令必行。

我们谈管理，尤其是对人的管理，过多地强调了“约束”和“压制”，事实上这样的管理往往适得其反。聪明的管理者应该懂得在“尊重”和“激励”上下功夫，了解员工的需要，然后满足他，从而让管理亲和于人，让管理者与员工的心理距离拉近，让管理者与员工彼此间在无拘无

第四篇 同级间的心理管理：中基层管理者的平衡艺术

在“同事文化”盛行的今天，身处职场的人不可避免地要与同事频繁地打交道，并且与之形成微妙的人际关系。因此，在与同事相处的时候，既不能凭着自己的个性，心血来潮，为所欲为，也不能为了避免事端而采取事不关己高高挂起的心态去消极逃避，而要积极主动地去了解同事的心理，注重心灵间的沟通，以便在日后的工作中能够长久地携手共进、友好相处。

由于同事之间每个人的性格、工作性质、工作职责不同，在各自的工作交往中自然会出现各种各样的小矛盾。又由于同事之间存在一些利益方面的冲突，会使矛盾变得复杂，那么在工作中应如何使沟通变得更顺畅呢？作为职

◀ 第一篇 ▶

自我心理管理:中基层管理者必备的心理要素

所谓“自我心理管理”是人对自身的管理,是一个人认识自我和完善自我的过程。作为管理者,进行管理活动是工作的重点,这其中除了对员工的管理之外,还有很重要的一点,就是管理者对自我的心理管理。也就是说,管理者应该通过对自己的心理的调节,不断提高管理的水平,把管理工作做好。

第一章　做好心理准备

心理准备就是在进行某项行为之前所做的心理管理，就是将自己的心理机能提高到和行为相适应的高度上来，以便行为的顺利实施。管理者在进行管理活动之前，首先应该从心理上对所要进行的管理行为做必要的心理准备，这样才能在管理的过程中将管理行为和管理思想真正贯彻到位。

公事公办是心理管理能力的最大体现

作为管理者，自身的素质和表现是很重要的，因为员工会在潜意识里将你的行为作为自己的行为标准。而一个管理者首先应该在思想上将所有员工装在自己心里，用一杆秤去衡量所有员工的表现。这就要求管理者是一个无私的人，一个平等对待所有员工的人。

管理者在与员工接触的时候，管理者必须首先做到心底无私，在自己的心里将员工放在同一个天平上。管理者的心既不能偏左，也不能靠右。如果一个管理者不能真正从心理上完成这样的自我管理，那么他就很难在工作中严格要求自己的员工，甚至引起员工们的反感。老一辈革命家陶铸同志有诗云："如烟往事俱忘却，心底无私天地宽。"这种人生境界在管理中同样适用，管理者必须首先做到"心底无私"，才能赢得"天地宽"。

为了工作的需要，管理者往往要抛开自己的私心，比如对手下得力员工的调动，就是一件令每个管理者头疼的事情。因为，得力的下级是管理者自己很器重和欣赏的，是从心理上认可的，他们的性格特点和工作方法自己都了如指掌。更重要的是，在长期的共同工作中，相互已经建立了心理默契和愉快的工作关系，甚至私下的交情也不错。现在突然要从你的团队中调走，的确舍不得。但是为了工作的整体需要，那么此时就需要你首先从公司的人事部署、经营策略和本部门的工作方针考虑，明确自己部门的工作需要；再仔细分析下级的工作能力、品性、耐力和其他的潜质；然后，就是你运用自己心理管理能力的时候了，你应该理智地做出自己的选择。

当然，你还必须和你的下级讲清楚，说服他们改变自己的心理趋向，这需要诚恳的态度和耐心的沟通。你可以开门见山地对下级说："这是出于整个公司发展的考虑，尽管你一直工作很努力，工作成绩也很好，但从公司的大局考虑，到那个部门更能发挥你的能力。"说服别人总是要费些口舌，但你要知道，在公事上你应该是对公司负责，而不是对某个下级负责。你私下里还可以耐心地向他做出更详细的解释，这样就不至于因此而影响相互间的关系。

我们常说的"公事公办"，就是说的这个道理。心底无私才是你赢得员工认可和尊重的前提。当然要做到公事公办并不是一件容易的事情，首先你要放弃自己已经形成的心理认同，进行自我的心理调试和管理，不让你的感性判断影响自己的理性判断。这可能很难，但你必须这么去做，如果你不能做到，甚至公私不分，那你的下级也会效仿，这就导致公司秩序的混乱。不仅如此，员工也会因此对上级产生不信任，甚至产生反抗心理。公司中富有正义感的员工就会与有私心的员工作斗争，而上级自身有私心就会使公司上下矛盾重重。

管理者在管理过程中，内心不能掺杂过多的私人感情。一般人都喜欢奖赏而害怕惩罚，但赏罚分明可以让员工士气大增，更容易把精力投入到工作中去。因此，做到赏罚分明也是管理者进行自我心理管理必须经历的过程。

我们都熟知“孔明挥泪斩马谡”的故事，这可以说是赏罚分明的一个典范事例。当时，街亭是魏蜀两军的必争之地。蜀将马谡熟读兵书，深得诸葛亮的赏识，诸葛亮在心理上已经建立了对马谡的高度认同。当马谡自告奋勇当先锋去镇守街亭时，诸葛亮明白事关重大，让他立下了军令状，还任命大将王平做他的助手。但是由于马谡并没有完全理解诸葛亮的战略意图，加上他自己刚愎自用，不听王平等人的劝阻，弃城不守，涉水上山，犯了兵家大忌。结果，魏军将蜀军团团围住，切断水源和粮草。于是，蜀军大乱，在魏军强大的攻势下溃败了，街亭这个战略要地失守。诸葛亮退回汉中之后，严厉追究马谡失守街亭的责任，最后以军法论处。

诸葛亮心里经历了激烈的内心斗争，他十分不忍心惩处马谡，但诸葛亮更明白，如果不按军法从事，军令就将失去威严，兴复汉室的理想就彻底成了一句空话。相信看过《三国演义》的人会有深刻的印象，诸葛亮在中军帐中反复思量，他爱惜马谡这个人才，但他内心深知，斩马谡是他必须要下的决心。其实，在这个过程中，诸葛亮完成了一次意义重大的心理管理。他的内心斗争，也是原有的心理机制与自我心理管理能力之间的一次较量，这个较量的过程就是对自我心理管理的最好诠释。

诸葛亮赏罚分明的做法赢得了手下大将的拥护，也更加提高了自己的威信。

一个聪明的管理者，或者说一个懂得自我心理管理的管理者，知道什么时候可以使用个人感情，更知道什么时候必须使用自我心理管理的能力来做出有利于大局的心理取舍。

化干戈为玉帛，实现双赢

职场有时像战场，难免会碰到一些“敌人”。但是职场又不完全像战场，每个人都需要有团队合作的意识，才能够成就事业。所以在职场上，作为管理者，当你在工作上非常需要某个人的协助，而这个人又跟你有某种程度的不合时，你该怎么做？逃避和抵制，是最笨的方法，这么做只会显示你的懦弱和无能。

最有用的办法就是先把握你的“敌人”的心理，分析造成这种局面的原因，然后才能对症下药，有针对性地接触“敌人”，达到心理沟通和认可的目的，真正做到化敌为友。

当别人抓住你的错误大加指责时，你在恼怒之前，不妨先平复自己的心态，认为他是对你的关心。从这个角度去理解和解决问题，要比无休止的争论强得多。如果你能挖掘对方句句带刺的话里隐藏的积极因素，那么就会大大减小出现敌对局面的可能性，从而减弱攻击的心态。接着，你要有直面问题的心态，努力找出合理的办法解决它。可以先分析原因，想想自己做了哪些事、说过哪些话让对方看不顺眼。如果不明就里地去找对方兴师问罪，只会更加激起对方的反感心理，让对方看你更不顺眼，从而激化矛盾。

你不妨抱着解决问题的心态去向对方问清楚原因。你可以问他："我不知道发生了什么事，是否可以告诉我是什么问题?"如果对方什么话也不愿意说，那说明对方对你的敌意较深，那你干脆直截了当地跟对方说："你对我似乎有些不满，我认为我们有必要把话说清楚。"实在不行，可以向对方发出委婉的警告。如果对方不肯承认他曾经跟别人说过不利于你的话，你也不必戳破他，因为对方已经从心理上感到了自己的言语和态度的不当之处，这时你只要跟他说："我想可能是我误会了。不过，如果以后你有任何意见，希望你能直接告诉我。"你的目的只是让对方知道：你绝对不会坐视不管。这时你的心理优势已经确立，你就可以向对方发出化解矛盾的信号。因为，当对方成为你的"敌人"后，他会产生躲避的心理，会尽量避免在同一个场合碰面，如果你想化解仇怨，不妨先发出点信号，找寻和对方碰面的机会，温和地注视他，看看他的反映，是尴尬？躲避？还是怒目而视？只要不是最后一种表情，那就有化解的希望。

如果你觉得直接向对方示好心理难以接受的话，那你可以借助

第三者。也许你突然地向对方示好，会让对方怀疑你的诚心。不妨借和其他同事聊天的机会说他几句好话，或向知道你俩关系的人倾吐反悔之意，这些话总能传到对方耳朵里。只要对方接收到你的信息，他肯定会产生相应的心理反应。正所谓“人同此心，心同此理”。你有“再见还是朋友”的心理愿望，对方也肯定有，所以你所做的一切，对方看在眼里、记在心里，说不定也甜在心里呢！如果是这样，你的“化敌”计划就大获成功了！

事实上，很多时候你和别人的矛盾，并不涉及什么原则性的问题，更多的只是由平常的点滴小事惹起的。所以，这就要求你首先培养这样的心理机制——小题大做，也就是在思想上和心理上把小事重视起来。

比如对方出于炫耀心理抨击你，那你即使是一个很温和的人，也肯定会感到在心理上受了伤害，你本能的反应就是还击，想办法赢回心理的平衡和优势，这样自然就和对方产生了对立情绪。其实，原本可能就是对方顺口一说，根本就没往心里去。不如低调处理，这样既会平息冲突，也会让他在体察到你低调的同时有所歉疚和收敛。“让人三分不为懦”，你的忍让，将为你赢得一个朋友。

许多时候，矛盾的产生是你说了不该说的话。比如，如果同事能将自己的隐私告诉你，说明他对你有足够的信任，但要是他从别人嘴中听到了自己的私密，他肯定在心里认定是你出卖了他，也肯定会在心里不止千遍地骂你。不随意泄露个人隐私是巩固职场友情的基本要求，如果这一点做不好，不仅没有哪个同事敢跟你推心置腹，更会将曾经的朋友变成仇人。

大凡成功的人士都有“有容乃大”的胸襟和气度。作为一个企业管理者，在日常的管理中，要有包容别人的胸襟，绝不能逞一时之快。只有这样，才能使各种人才齐聚到你的麾下。我们一般会对自己赏识和喜欢的人格外宽容，但对和自己顶撞的人有着本能的抵触和反感，甚至产生成见，这是很危险的。只要是对方本着对工作负责的态度和你发生冲突，那你就应该区别对待，你的宽容和大度会很快化解对方的怨气，换来对方的理解。

今天的职场已经发生了很大的变化，如果发现别人要把你拉下马，你一定要勇于面对问题和挑战，但不要以其人之道还治其人之身。否则情况会更加糟糕。现在已不是可以一人独享功劳的社会，与别人分一杯羹，达到双赢，才是现代职场人必备的能力。

智者管理总是善用反对自己的人

有位心理学家曾说：“人类要开拓健康之坦途，首先要学会宽容。”

身在职场，难免会和人产生矛盾，发生纠纷，这是再正常不过的事情了。但这个事情如果解决不好，就可能给工作带来很大的负面影响。作为管理者，最常碰到的就是来自上级或者下属的反对意见。这其实并不是坏事，相反还是好事。

想想看，首先对方之所以向你提出反对意见，就证明你的想法有不妥当之处，有需要完善的地方，那这不正是你需要提高的地方吗？另外，从对方的心理来分析，对方之所以能提出反对意见，证明对方用心研究了你的提案，这也正是对方对你的重视。所以，你应该放宽心态，平衡自己的心理。你不应该一听到反对意见就从心理上产生抵触情绪，相反，应该静下心来耐心倾听对方的意见，对方的意见也许会对你很有裨益。

作为一个管理者，不光要听得进去反对意见，还要善于利用持反对意见的人，美国前总统尼克松就创造了一段这样的佳话。

在 1968 年的美国大选中，基辛格是作为尼克松对手的智囊人物出现在政治舞台上的。基辛格在吹捧自己“老板”的同时，自然避免不了大肆攻击对手尼克松，他甚至在电台呼吁：“在所有候选人中，尼克松当总统最危险。”他还挖苦说：“建议尼克松去做副总统候选人，因为他当副总统的经验很丰富。”总之，基辛格把尼克松骂得狗血喷头。但是，尼克松最终获得了大选的胜利，当选为美国第 37 届总统。

尽管基辛格攻击过尼克松，但尼克松捐弃前嫌，力邀基辛格加入自己的幕僚班子。在他上任后，曾两次亲自约见基辛格，与基辛格的会谈投入到了忘记午餐时间的地步。通过交谈，基辛格改变了对尼克松的看法，更重要的是他被委以重任。基辛格后来回忆说：“在对外政策上，尼克松比 1956 年以来的所有总统候选人都好。”基辛格对尼克松的宽宏大量和宽厚无私心存好感，同时认为尼克松识人的眼力的确高人一筹。

这一消息传开，各界纷纷赞赏尼克松的大度和气量。他的这一举措，也使得新政府一开局就赢得了民众的喝彩，大大提高了白宫的声誉。尼克松起用基辛格，正是看中了基辛格的才能，同时也利用了媒体的作用，改变了人们对政府的心理偏见，为新政府赢得了良好的开局。

善于使用那些与自己意见相左甚至内心里反对自己的人，是自我心理管理能力的体现。在《三国演义》中有很多这样识人用人的出奇例子，诸如孔明之用魏延，曹操之用司马懿，从而把唯才是举的思想完美地演绎了出来。

作为管理者不但要善于团结志同道合的人，而且要善于团结与自己意见相左的人，特别是反对自己的人。要受得住委屈，经得起“误会”，对相互间的纠葛和矛盾要善于淡化，善于遗忘，切不可以牙还牙，以怨报怨，要时刻以事业为重，以大局为重，有“度尽劫波兄弟在，相逢一笑泯恩仇”的雅量。要有容人纳贤的肚量，敢于用那些比自己强的人，能容人之长、容人之功，更要善于容人之短、略人小过。就像刘邦所说的：论运筹帷幄，我不如张良；论带兵打仗，我不如韩信；论筹划粮草，我不如萧何。但张良、韩信、萧何皆能为我所用。这正说明了人无完人，金无足赤，只有团结各方面的人才一道干大事，才能成大业，别人才会对你更加敬重。

自信的管理者总是不断否定自己

作为管理者，自己的职业地位相较于普通员工来说，已经算是较高了，而正是这一点让他们更容易迷失自己。所以，管理者在工作中要不断地否定自己才能在事业上更进一步。

不断否定自己其实是对自己的一种心理认可和自信，也是一个不断认识自己的心理过程。一个人只有对自己形成正确的认识，知道自己是一个什么样的人，能够做什么，不能做什么，他才能做自己的主人；他才能够不怕否定、批评和指责，有自己内在的标准；他才能够不一味寻求赞许，不为了得到赞许而丧失自我；他才能够不停留在现在的安全感里，而是敢于继续前进。

不断否定自己就是不断看轻以前的自己，赢得更进步的另一个自己。年长的人总是劝告那些踌躇满志的年轻人：在人生的路上，要多把自己看轻些。看轻自己是一种智慧，它并不是自卑，也不是怯弱，它是人生的一种经营方式。诗人鲁藜说，还是把自己当做泥土吧，老是把自己当珍珠，就会有被埋没的痛苦。美国的政治家和实业家富兰克林年轻时曾去拜访一位前辈。年轻气盛的他，挺胸抬头迈着大步，进门撞在门框上。迎接他的前辈见此情景，笑笑说："很痛吧！可是，这将是你今天来访最大的收获。一个人要想平安无事地活在世上，就必须时刻记住低头。"记住低头，就是要记住不论你的资质、能力如何，在社会上，你都是渺小的，要在生活中保持低姿态，把自己看轻些，把奋斗的目标看重些。富兰克林从中领悟了深刻的哲理，并把它列入一生的生活准则之中，最后终于完成了一番伟业。

保守秘密是一种职责

保守秘密是一个职场中人很重要的职业操守，对于那些管理者来说尤其重要。因为作为管理者，由于工作的需要，有很多条件和机会接触到公司和上级的秘密，如果不能保守秘密，那就很容易给企业带来巨大的损失，也会给上级和自己的声誉带来负面的影响，直接影响到自己的事业前途。

美国总统罗斯福在就任总统前，曾在海军中任要职。他的一位朋友想打探有关潜艇基地的计划，这自然是一个机密。罗斯福煞有介事地向四周看了看，小声问："你能保密吗?"

对方以为情报即可到手，马上说："当然能。"

没想到罗斯福也说了一句："那么，我也能。"

《大长今》中有郑尚宫娘娘训导众宫女的一个情节。在郑尚宫娘娘所说的重要戒律中，有一条就是要"善于沉默，保守秘密"。

长今有保守秘密的心理素质，因此得到了郑尚宫、皇上和皇后对她的敬重和信任。

可见保守秘密，是身为职业人的基本行为准则，也是事业发展的需要。机密关系到企业的成败，关系到上级的声誉与威望。身为职业人，一定要牢记祸从口出的道理，对保密事宜做到守口如瓶。

如果你思想松懈、心理屏障倒塌、说话随便，说了不该说的话，有意或无意地造成泄密，那么，轻则会使上级的工作处于被动，带来不必要的损失；重则会给企业造成极大的损害，造成不可挽回的影响。这是下级对上级的一种极不负责的态度，势必会使上级在各个方面处于不利地位。这样的事，即使发生一次，也会使上级难堪，对你留下不好的印象。所以，事关工作机密，管理者一定要处处以企业利益为重，处处严格要求自己，做到慎之又慎。

1990 年 9 月，美国国防部长切尼宣布解除空军参谋长杜根将军的职务，原因是杜根将军向记者公开发表了美国同伊拉克的作战计划，透露了美国的“具体作战方案”，泄露了有关美国空军的规模和布防的机密。

在诱惑颇多的今天，人很容易背叛自己的忠诚而出卖别人，而能够守护忠诚就显得更加难能可贵。

斯特是美国一家电子公司很出名的工程师。这家电子公司规模不大，在日益激烈的市场竞争中，时刻面临着来自规模较大的比利孚电子公司的压力，处境很艰难。

有一天，比利孚电子公司的技术部经理邀斯特共进晚餐。在饭桌上，这位部门经理对斯特说：“只要你把公司里最新产品的数据资料给我，我会给你很好的回报，怎么样?”

一向温和的斯特一下子愤怒了：“不要再说了！虽然我的公司效益不好，处境艰难，但我决不会出卖我的良心，做这种见不得人的事。我不会答应你的任何要求。”

“好，好，好，”这位经理不但没生气，反而颇为欣赏地拍拍斯特的肩膀，“这事儿当我没说过。来，干杯!”

不久，斯特所在的公司因经营不善破产了。斯特失业了，一时又很难找到工作，只好在家里等待机会。没过几天，他突然接到比利孚电子公司总裁的电话，说想见他一面。

斯特百思不得其解，不知“老对手”公司的总裁找他有什么事。他疑惑地来到比利孚公司，出乎意料的是，比利孚公司总裁热情地接待了他，并且拿出一张非常正规的大红聘书，聘请斯特做技术部经理。

斯特惊呆了，喃喃地问：“你为什么这样相信我?”

总裁哈哈一笑，说：“原来的部门经理退休了，他向我说起了那件事并特别推荐你。小伙子，你的技术水平是出了名的，你的正直更让我佩服，你是值得信任的人!”

斯特这才明白过来。后来，他凭着自己的技术、管理水平和良好的诚信，成为了一流的职业经理人。

保守秘密是一种职责，更是内心的一杆标尺和对忠诚的心理认同。一个人只有具备了这样的高度心理认同，才能不被诱惑所左右和驱使，而做出违背原则的事情来。

秘密好比俘虏，放走秘密，只有严惩看守。当你对下级说“这件事千万不要对别人说……”时，你就已变成了一个该受处罚的看守了。上层的决策也许对你来说压在心里不好受，但是如果你透露给了下级，下级反而就失去了对你的信任。因为秘密必须由知道秘密的人自己严守。

谦虚使人少走弯路

有一个博士分到一家研究所里，成为了这个所里学历最高的一个人。有一天他到单位后面的小池塘去钓鱼，正好两位同事在他的一左一右，也在钓鱼。

“听说他俩也就是本科生学历，有啥好聊的呢?”这么想着，他只是朝两人微微点了点头。

不一会儿，一位同事放下钓竿，伸伸懒腰，蹭蹭蹭从水面上如飞似地跑到对面上厕所去了。

博士眼睛睁得都快掉下来了。“水上漂?不会吧?这可是一个池塘啊!”

那位同事上完厕所，又蹭蹭蹭地从水上漂回来了。

“怎么回事?”博士生刚才没去打招呼，现在又不好意思去问，自己是博士生哪!

过了一阵，另一位同事也站起来，走了几步，也迈步蹭蹭蹭地飘过水面上厕所了。

这下子博士更是差点昏倒：“不会吧，我到了一个江湖高手云集的地方?”

过了一会，博士生也内急了。这个池塘两边有围墙，要到对面厕所非得绕十分钟的路，而回单位上又太远，怎么办?

博士生不愿意去问两位同事，憋了半天后，于是也起身往水里走，心想："我就不信这本科生学历的人能过的水面，我博士生不能过！"

只听"扑通"一声，博士生栽到了水里。

两位同事赶紧将他拉了出来，问他为什么要下水，他反问道："为什么你们可以走过去，而我就掉水里了呢？"

两位同事相视一笑，其中一位说："这池塘里有两排木桩子，由于这两天下雨涨水，桩子正好在水面下。我们都知道这木桩的位置，所以可以踩着桩子过去。你不了解情况，怎么也不问一声呢？"

任何人都不喜欢骄傲自大的人，这种人在与他人合作中也不会被大家认可。你可能会觉得自己在某个方面比其他人强，但你更应该将自己的注意力放在他人的强项上，只有这样，你才能看到自己的肤浅和无知。因为团队中的任何一位成员，都可能是某个领域的专家，所以你必须保持足够的谦虚。谦虚会让你看到自己的短处，这种压力会促使你在团队中不断地进步。

再高的学历也只代表过去，而只有学习能力才能代表将来。尊重有经验的人，才能少走弯路。一个好的团队，也应该是学习型的团队。而你作为一个团队的带头人，更是要首先具备这个优良的品德。

老子曾经告诫世人："不自见，故明；不自是，故彰；不自伐，故有功；不自矜，故长。"（《老子道德经·益谦第二十二》）这句话是说，一个人不自我表现，反而显得与众不同；一个不自以为是的人，会超出众人；一个不自夸的人会赢得成功；一个不自负的人会不断进步。相反地，老子告诫世人："跂者不立，跨者不行。自见者不明，自是者不彰，自伐者无功，矜夸者不长。"（《老子道德

经·惹思第二十四》）

的确，作为管理者的你谦虚时显得你高大、朴实、和气，上级和下级就愿与你相处，认为你可亲可靠；你恭敬顺从，上级的指挥欲就能得到满足，认为与你配合得很默契很合得来；你愚笨，同事就愿意帮助你。相反，你若以高姿态出现，处处高于对方，咄咄逼人，对方心里会感到紧张，做事就没把握了，而且容易产生一种逆反心理，使交往和工作难以顺利进行。

谦虚可以使你永远把自己置于学习的地位，并有助于发现他人的优点。但是，谦虚绝不是通常意义的客套与虚伪，也不是遇到工作时的退缩与推诿，更不是所谓的韬光养晦，深藏不露。如果公司需要你发挥自己的能力，并且你也有这样的能力，你必须知难而进，当仁不让，决不能把谦虚作为推卸责任的借口。

机敏圆通、游刃有余的九大操守

职场竞争的异常激烈，使得职业人要想在职场中游刃有余，在内外兼修的同时，还应该善于经营人际关系，注意为人的口碑，确保自己在与同事交往中能够游刃有余。可以试着从以下几个方面入手：

1. 融入同事的爱好之中。

接受、了解同事们的一些兴趣和爱好，从中寻找共同话题，通过交流尽快融入团体之中，这对增进友谊有很大的帮助。

2. 不随意泄露个人隐私。

要是同事能将自己的隐私信息告诉你，那只能说明同事对你有足够的信任。要是同事知道了自己的私密被公开曝光，他肯定认为是被你出卖了。那么你们的关系也就破裂了，也许还会给你带来更大的困扰。因此，不随意泄露个人隐私是巩固职业友情的基本要求，如果这一点做不好，恐怕没有哪个同事敢和你推心置腹。

3. 闲聊应保持距离。

在办公之余，大家相互在一起闲聊是一件很正常的事情；而有些人多半是为了在同事面前炫耀自己的知识面广，其实也不过是皮毛而已。如果你打"破砂锅问到底"，对方马上就会露馅了。这样会让喜欢"神侃"的同事难堪，以后再闲聊的时候，同事们都会有意无意地避开你。因此，在闲聊时，不求事事明白，适可而止，这样同事们才会乐意接纳你。

4. 搬弄是非是大忌。

流言是职场中的"软刀子"，搬弄是非，会让单位的其他同事对你产生一种避之唯恐不及的感觉。要是到了这种地步，相信你在这个单位的日子也不会太好过，因为到那时已经没有同事敢和你真诚相待了。

5. 低调处理内部纠纷。

针对在工作过程中产生的小矛盾或者某个下级的错误，处理时要注意方法，要理性处理摩擦事件，不要表现出盛气凌人的样子。就算你有理，就算你是上级，如果得理不饶人的话，他们也会对你敬而远之，以后也会时刻提防你的，这样你会失去同事和下级的支持。此外，他还会怀恨在心，这样你又会多一个"敌人"。

6. 切忌随意伸手借钱。

不到万不得已，不随意向同事借钱，更不要向下级借钱。如果借了钱，一定要记得及时归还。不要因为个人经济方面的疏忽，使同事和下级对你丧失信任感，从而疏远你。

7. 牢骚怨言要远离嘴边。

不少人总是怨气冲天、牢骚满腹，逢人就大倒苦水，这样做会让同事和下级感到既然你对目前工作如此不满，为何不跳槽，去另寻高就呢？这也会直接影响到他们的工作情绪。

8. 得意之时莫张扬。

得意之时，不要张扬，以免招致一些人的嫉妒，引来不必要的麻烦；失意之时，不能在公开场合诉说对上级的不满，甚至还牵扯到其他同事和下级，这样，不但会招致上级的厌烦，也会引起下级的怨恨。

9. 讨好上级的同时，照顾好同事。

“水能载舟亦能覆舟”，讨好上级很重要，照顾好同事也很重要，顾上不顾下，会引起同事的排斥、反弹，不利于工作的顺利进行；顾下不顾上会引起上级的不满，以致影响加薪、升职。

要想控制别人，就要先控制好自己

作为一个管理者，在遇到问题时首先想到的不是尽快想办法解决问题，弥补损失，而是大光其火，追究下级的责任，甚至将下级骂个狗血喷头，那他不但解决不了问题，还会给上级留下推卸责任、无能的印象。一个“泰山崩于前而面不改色”的管理者，更会赢得他人的信赖。

曾经担任过美国作战部长的斯坦顿，早年做过林肯的战地机要秘书，一天，他气呼呼地告诉林肯说，一位少将用侮辱性语言指责林肯偏袒一些人。

林肯听了也很生气，于是建议斯坦顿写一封内容尖刻的信回敬那家伙，他甚至说：“可以狠狠地骂他一顿。”斯坦顿马上写了一封措辞强烈的信拿给林肯看，林肯看后高声叫好。但是当斯坦顿把信收好时，林肯问他干什么去，他回答说：“寄出去呀。”林肯大声说：“千万不要胡闹，这信不能寄，快把它扔到炉子里。凡是生气时写的信我都这么处理。你写这封信时，已经解气了，现在感觉好多了吧，那就把它扔掉，再写第二封吧。”

林肯是一个自我约束力很强的人，当他知道别人的批评有道理时，就会心悦诚服地接受。

他手下的米德将军就曾因为拖拖拉拉不服从他的命令而贻误了战机，错失了一举歼灭敌对方李将军的大好机会，林肯知道后，气得浑身发抖，对自己的儿子罗伯特喊道：“上帝呀！这是什么意思？他们已经在我们的手边了，只要一伸手，他们就成我们的了，可是我的言语和行动居然没能使我的部队哪怕动一动，在这种情况下，几乎任何一位将军都能把李将军打败。如果我去那里，我将亲手给米德一个耳光！”

就是在这样的情绪支配下，林肯给米德写的信仍保持着高度的克制：“我亲爱的将军，我相信你并不了解李将军逃跑所造成的后果将是多么的严重。他已经落到了我们手里，如果歼灭他，就会立即结束战争，可是，现在我们却失去了歼灭他的机会，这样一来，战争将无限期地拖延下去，你当时怎么会在南岸那么做呢？要说你现在还能再做出更多的成就，那是不可想象的，而且我现在也根本没有这个指望。你的黄金时间一去不复返了，而我也因此感到无比遗憾。”就这样一封信，林肯写好后却一直夹在他的文件夹里，直到去世后才被人们发现。

如果说林肯发出这封信，那他心情是痛快了，然而既然良机已经错失，对米德的责备只能使米德为自己极力辩解，减弱他作为一个指挥官所该发挥的作用，或许还会迫使他辞职也未可知。

要想控制别人，就要先控制好自己。在日常工作中，人总会有受到不公正待遇的时候，在造成自己困扰的时候，首先要在心理上建立克制的意识，把不满的情绪用积极的思考来转移，反击回去或发泄愤怒都有失管理者的领导风度。

第二章　态度决定高度

成功人士与失败人士之间的差别是：成功人士始终用最积极的思考、最乐观的精神和最辉煌的经验支配和控制自己的人生。失败者刚好相反，他们的人生是受过去的种种失败与疑虑所引导和支配的。态度就是一种心理能力，这种能力足以左右你对事物的看法和判断。

你的热忱影响周围的每一个人

一个心理学家曾做过这样一个实验：选择一群非常优秀的人和一群平庸的人进行调查，以搞清楚为什么优秀的人可以取得那么大的成就，那些普通人为什么那么平庸。结果是非常惊人的：他们之间的最大差别，并不在于外在的能力，而在于他们的心理素质。是心理素质决定了他们的外在能力，而态度是心理素质中非常重要的组成部分。

热忱是一种持续的心理状态，能够鼓舞和激励一个人对手中的工作不断地采取行动。不仅如此，热忱还具有感染性，不只对其他热心的人士能产生重大影响，所有和它有过接触的人都会有心理感应。

热忱不完全等同于热情。热忱是一种带有执著心理状态的持续不断的热情。它的内涵是对事业的渴望。未来的赢家是具有系统思考能力和心理能力的组织者。他们是真正的领袖，因为他们能用自己的热忱，持续不断地鼓舞起整个团队的士气并产生持久的群体热忱。

管理者的能力非常重要，而且他的能力也会吸引到优秀的人才。同样，对待事业的热情，也可以起到很大的心理吸引作用。一个管理者，对工作的每一个步骤都抱有极大的热忱，影响和带动了周围的人，他们就会跟随着管理者前行，这就是一种群体心理效应。

安东尼·罗宾是当代美国最成功的激发心灵潜能的专家，曾辅导过美国前总统克林顿、英国的戴安娜王妃，还有网球名将阿加西。他使曾跌到世界排名 138 名的阿加西重新成为世界第一。安东尼·罗宾经常到世界各地巡回演说，在新加坡，有 3 800 人参加他的课程，他激励着现场的每一个人。当有一个人情绪不好的时候，安东尼·罗宾会指着那个人说，YOU！你的情绪不好，你会影响到别人，你现在站立起来。然后那个人就站起来，他再一次强调这种热情的带动作用，结果现场所有的人都被他带动起来了。如果你真的想成为一个优秀的管理者，对工作当中、生活当中的每一件事情，一定要充满热情地去做，才会把你的热忱激发出来，进而去影响你周围的每一个人。

尽职尽责是管理者的人生原则

工作是否单调乏味，往往取决于我们做它时的心境。每一件事都值得我们去做，而且应该尽职尽责去做。

巴黎卢浮宫收藏着莫奈的一幅画，描绘的是女修道院厨房里的情景。画面上正在工作的不是普通的人，而是天使。一个正在架水壶烧水，一个正优雅地提起水桶，另外一个穿着厨衣，伸手去拿盘子——即使是日常生活中最平凡的事，也值得天使们全神贯注地去做。

每一件事情对人生都具有十分深刻的意义。你是砖石工或泥瓦匠吗？可曾在砖块和砂浆之中看出诗意？你是图书管理员吗？经过辛勤劳动，在整理书籍的缝隙时是否感觉到自己已经取得了一些进步？你是学校的老师吗？是否对按部就班的教学工作感到厌倦？也许一见到自己的学生，你就变得非常有耐心，所有的烦恼都抛到九霄云外了。

人们看待问题的方法是有局限的，我们必须从内部去观察才能看到事物真正的本质。有些工作只从表象看也许索然无味，只有深入其中，才可能认识到其意义所在。因此，无论幸运与否，每个人都必须从工作本身去理解工作，将它看做是人生的权利和荣耀。

每一件事都值得我们去做。不要小看自己所做的每一件事，即便是最普通的事，也应该全力以赴、尽职尽责地去完成。小任务顺利完成，有利于你对大任务的成功把握。一步一个脚印地向上攀登，便不会轻易跌落。通过工作获得真正力量的秘诀就蕴藏在其中。

一个人无论从事何种职业，都应该尽心尽责，尽自己的最大努力，求得不断的进步。这不仅是工作的原则，也是人生的原则。如果没有了职责和理想，生命就会变得毫无意义。无论你身居何处（即使在贫穷困苦的环境中），如果能全身心投入工作，最后就会获得经济自由。

执行力强的人永远不找借口

现在的企业常处于这样一种怪圈：企业的高层怪中层，中层怪员工，员工怪中层，中层又反过来怪高层，形成一个怪圈，却没有一个人真正地负责，也没有一个人保质保量地做好自己的工作。这说明企业的执行力很差。执行力很差不仅仅是基层员工的问题，而是涉及所有管理层面的问题。

执行力并不是工具，而是工作态度。很多人工作态度始终不够认真，造成执行力的偏差。所以在端正态度后，管理者首先要做的是：从自身做起，用认真的态度来执行。所谓“上行下效”，你的行为必然会成为你的员工效仿的对象。

当然，执行力是在每一个环节、每一个层级和每一个阶段都应重视的问题，企业的所有员工都应共同担负起责任。不管从事什么职业，处在什么岗位，每个人都有其担负的责任，都应做好分内事，这也是执行力的基本要求。

一个人只要有认真的态度，就会随时保持自己的紧张感，就会负起自己的责任，会经常反思自己是否做好了分内的事情，会经常思考改进和完善工作的方法。

其次，作为管理者应该从细节上加强自己的执行力。一个做事不追求完美的人，是不可能成功的。而要做事完美，就必须注重细节。古人云“千里之堤，溃于蚁穴”，就是强调伟大的事业不要忽视微小的细节。然而，环顾我们周围，大而化之、马马虎虎的毛病随处可见，“差不多”先生比比皆是，好像、几乎、似乎、将近、大约、大体、大致、大概、应该、可能等等成了“差不多”先生的常用词。就在这些词汇一再使用的同时，许多重大决策都停留在了纸上，许多重点工作都停留在了表面上，许多宏伟的经营目标都成了海市蜃楼。因此，必须坚决杜绝这个问题。

还有一个在管理者身上普遍存在的问题：对执行的偏差缺乏敏感性。不仅是对自己的执行，对员工的执行也是如此。总是抱着无所谓的态度，这导致许多工作往往离完美只差一小步。“神舟五号”载人飞船发射成功，中国人几千年的飞天梦想终成现实，这是划时代的创举，是中华民族的骄傲。它向世界宣告，中国人民的创造力是无穷无尽的。一位外国友人说：“中国人真了不得啊！把人能送到太空去，是继前苏联、美国之后，全世界第三个成功把人送到太空的国家。不过你们中国人为什么做电池都做不好，做一个螺丝钉都做不好呢？”一位大师回答他说：“中华民族是有着悠久历史的伟大民族，一咬牙要做某件事情，是没有做不到的。不过做电池，做螺丝钉时忘了咬牙。”这就是问题所在：做起事情有了偏差，根本就无所谓，对偏差没有感觉，也不觉得重要。对一个螺丝钉的偏差无所谓，也不会把一个电池的偏差放在心上，所以就没有做好，这是我们中国至今不能做出全世界最棒的电池、最好的螺丝钉、许多企业也不能做大做强的真正原因。

另外，不能很好地坚持企业的制度也是导致执行力差的原因之一。如果作为一个管理者都如此，那么很难想象你的下级会比你做得更好。

执行是能否实现预定目标的决定性因素，它不是简单的战术，而是一套通过提出问题、分析问题、解决问题的方式来实现目标的系统流程，它是战略的一部分。高效执行，就要杜绝一切借口。一个不找任何借口的人，肯定是一个执行力很强的人。

勤奋是“更上一层楼”的阶梯

作为一个管理者，相比普通员工来说，虽然在事业上取得了一定的成就，但这不是你停步不前的理由，更不是偷懒的借口。

懒汉们常常抱怨，自己竟然没有能力让自己和家人衣食无忧；勤奋的人会说：“我也许没有什么特别的才能，但我能够拼命干活以挣取面包。”

有一位懒惰成性的乡绅，他拥有一块有自由保有权的地产，每年他坐收500美元的地租。后来，由于无力还债，他把一半地产卖掉了，剩下的一半地产租给一个勤劳的农夫，租期为 20 年。契约到期的时候，这个农夫问这位乡绅是否愿意把这块土地出卖。这位乡绅感到十分吃惊，他说："是你想买吗?""是的，如果我们能讲好价，我就买了。""这真是太不可思议了。"这位绅士仔细打量着眼前这个农夫，说："天啊，请你告诉我这是怎么回事。我不用交租金，靠两块这样大的土地也不能养活自己，而你每年都要交付给我 200 美元的租金，这些年下来，你竟然还买得起这块土地。""道理很简单，"这个农夫回答说，"你整天在家里坐享其成，坐吃山空；而我却日出而作，日落而息，任何劳动都会得到回报的。"

要想在这个人才辈出的时代走出一条完美的职业轨迹，唯有依靠勤奋的美德——认真地对待自己的工作，在工作中不断进取。

许多人都抱着这样一种想法，我的老板太苛刻了，根本不值得如此勤奋地为他工作。然而，他们忽略了这样一个道理：工作时虚度光阴会伤害你的老板，但受害最深的却是你自己。有些人挖空心思来逃避工作，却不愿将同样的精力和心思用在自己的工作上。这种人自以为聪明盖世，可以骗得过老板，其实，他们欺骗的正是他们自己。

对于管理者来说，也许你要比员工处理更多的问题，你也要比员工付出更多的精力和时间，你甚至要牺牲掉许多的个人爱好来为企业付出。但你要知道，你为企业付出的任何一点，你的老板都会心里有数，你的下级也会心里有数。一位优秀的老板会很明白，员工的勤奋会带来什么样的结果；他也很清楚，一名懒散的员工会给自己带来什么。很显然，他不会把升迁和奖励送给那些耍小聪明的人。

一个管理者既要完全了解上级的意图，又要正确地传达给自己的下级，还要监督他们去执行。但现代职场需要的不是传声筒，而是要做到“不必老板交代，积极主动做事”，这样才能称得上是“勤奋”。你应该在执行上级指令的时候加上自己的经验和智慧，使工作完成得更加出色，出乎上级的意料之外，超越上级的期望，你也就为自己赢得了更多的机会。每个老板都希望自己的员工能主动工作，带着思考工作。

积极主动是一种心理选择

一些工作具有挑战性，是因为它本身包含了很多的未知因素，而且是自己之前没有遇到过的。但是，在这些挑战面前你的态度将起很大的作用，如果你表现出畏难情绪，未战先怯，从心理上就已经埋下了失败的种子；如果你积极主动去迎接挑战，就可以将一些原本可能影响心理波动的因素挡在门外，以一种良好的心态积极面对挑战，也有助于对问题的正确判断。

积极主动（Pro－active）这个词最早是由著名心理学家维克托·弗兰克推介给大众的。弗兰克本人就是一个积极主动、永不向困难低头的典型。

弗兰克原本是一位受弗洛伊德心理学派影响颇深的决定论心理学家，但在纳粹集中营里经历了一段凄惨的岁月后，他开创出了独具一格的心理学流派。

弗兰克的父母、妻子、兄弟都死于纳粹魔掌，他本人也在纳粹集中营里受到严刑拷打。有一天，他赤身独处于囚室之中，突然有了一种全新的感受，也许，正是集中营里的恶劣环境让他猛然警醒："即使是在极端恶劣的环境里，人们也会拥有一种最后的自由，那就是选择自己的态度的自由。"

弗兰克的意思是说，一个人即使是在极端痛苦、无助的时候，依然可以自行决定他的人生态度。在最为艰苦的岁月里，弗兰克选择了积极向上的态度。他没有悲观绝望，反而在脑海中不断设想，自己获释以后该如何站在讲台上，把这一段痛苦的经历讲给自己的学生听。

凭着这种积极主动的思维方式，弗兰克在狱中不断磨炼自己的意志，让自己的心灵超越了牢笼的禁锢，在自由的天地里任意驰骋。

弗兰克在狱中发现的思维准则，正是每一个追求成功的人应具有的人生态度——积极主动。积极主动地迎接挑战，面对困难。

一个人要想在企业里取得发展，应该积极主动地接受挑战性的工作。在飞利浦，选拔人主要从四个方面入手：一是安排挑战性的工作；二是看他能否经受困难，不被困难打败，跌倒后能否重新站起；三是辅导他。许多有才华的人，在其一生中需要有一对一，或者一对二的机会去接受有经验的人的直接传授，这样提高会很快；四是持续不断地学习。

比如公司空出来职位，你没有做过这个工作，但你认为这是给你的一种挑战，那么能不能不怕失败，主动要求去做这项工作。这时候，有些人会首先谈条件，但实际上这个挑战本身就是一个机会，如果你能做下来，公司会看到你可以做更困难的工作，会给予奖励。如果不给，你也增加了你的价值，在选择别的公司时就有更多的价值。

消极被动（Reactive）的人总是在等待命运安排或贵人相助。对一件事情，他们总认为是事情找上他们，而自己无法主导或推动事情的进展。

积极主动（Proactive）的人对自己总是有一份责任感，认为命运操纵在自己的手里，自己可以主导事情的发生和发展。

在人生的旅途中，你是你自己唯一的船长，千万不要让别人驾驶你的生命之舟。你要稳稳地坐在舵手的位置上，决定自己何去何从。人生的旅途十分短暂，要珍惜自己所拥有的选择权和决策权。

要有主动承担责任的气度和修养

人们往往对于承认错误和担负责任怀有恐惧感。因为承认错误、担负责任往往会与接受惩罚相联系。有些不负责任的管理者在出现问题时，首先把问题归罪于员工或者客观原因，总是寻找各式各样的理由和借口来为自己开脱。其实，这些都是无理的借口，并不能解决已经出现的问题，也不会减轻要承担的责任，更不会让你把责任推掉。

一份英国报纸刊登一则招聘教师的广告："工作很轻松，但要全心全意，尽职尽责。"事实上，不仅教师如此，所有的工作都要求全心全意、尽职尽责，而这正是敬业精神的基础。

作为一个管理者，在遇到顾客投诉等突发情况时，首先要冷静。

第一，不要推卸责任，要亲自出马，对因员工的一时疏忽给顾客添加的麻烦，向顾客表示诚挚的歉意。

第二，在弄清事情的经过后，对顾客提出的合理要求，应尽力予以满足，并求得相互的理解；对顾客提出的不合理要求应做耐心的解释工作，若仍不能与顾客达成协议，可向上级有关部门反映。

第三，以教育为目的，对员工进行耐心的说服和教育，查找问题的症结。确系员工的一时疏忽，要进行批评，必要时给予相应的处罚。

主动承担责任，能体现一个管理者应有的气度和修养，也能得到员工们的理解和尊敬。切不可不问青红皂白，当着顾客指责员工。

一个推卸责任的管理者，家人和同事也会为他们感到沮丧和失望。其下级也必定会受这种恶习的传染——当他们看到上级推卸责任时，往往会群起而效仿。这样一来，个人的缺陷和弱点就会渗透到整个事业中去，影响企业的发展。

企业管理需要“罗文精神”

读过《把信送给加西亚》这本书的人都为“罗文精神”所感动。“罗文精神”来源于一个震撼人心的故事。美国人阿尔伯特·哈勃德于1899年出版了一本小册子，书名叫做《把信送给加西亚》。它叙述的是美西战争中的一个小故事：1895年，西班牙入侵古巴。1897年，美国军舰“玛恩”号驶入哈瓦那港。1898年，西军击沉了“玛恩”号。美国随即对西班牙宣战，战争以西班牙失败而告终。战前，美国总统需要送一封信给古巴起义军首领加西亚，陆军低级军官罗文接受了这个任务。罗文怀揣这封重要的信件，到那个又陌生又险恶的国度，寻找那个隐秘的人物，他克服了常人难以想象的困难，成功地完成了任务，并且从加西亚那里带回了重要情报，保证了战争的胜利。

此书一问世，就在纽约流传开来，随即轰动了美国，不久便震撼了世界。日俄战争时期，俄国军队中从长官到士兵，每人身上都揣着一本俄文版的《把信送给加西亚》。日本军人从俄军战俘中得到这本书，随即转译为日文版，不久就有了天王诏令：《把信送给加西亚》这本书国民人手一册。一个多世纪以来，人们经历了数不清的民族兴衰、战争胜负和社会巨变，可是这本书却历久弥新、长盛不衰，保持了旺盛的生命力，在全球最畅销图书排行榜中名列第六名。

《把信送给加西亚》之所以可贵，是因为它彰显了“罗文精神”；而“罗文精神”之所以可贵，是因为它弘扬了忠诚与敬业这种“人类社会的最基本法则”。

企业要提倡罗文精神，更要以此作为团队的共识和理念来培养执行力。

那么，罗文精神的精髓到底是什么？怎样培养企业员工的执行力？

罗文精神的精髓就是：态度第一，技能第二。

员工缺乏的往往不是某种知识和技能，而是缺乏一种正确的工作态度、一种务实的工作精神。要提高职工的务实精神，要从三个方面进行建设：

首先，营造一种务实的企业文化氛围。企业管理者要从企业的管理体制、运营体制到奖惩制度、企业精神等大处着手，营造一种务实的创业精神和工作作风。

其次，有切合实际的工作运营流程。一是企业设计的运营流程必须是符合实际的，设计的任务目标是通过努力能够达到的，否则就是罗文在世也完不成任务。二是工作流程的设计必须是以执行为导向。有了执行导向的工作流程，不仅可以促使职工逐渐加强务实作风，同时也为进一步营造务实的企业文化打好了基础。

再次，从上到下应提倡务实的工作作风。一个优秀的团队不是靠说出来的，而是靠带出来的，管理者要求员工做的事首先自己要能做到。

一个成功的企业，不是光靠几个成功的管理者就能实现的，它需要所有员工，需要整个团队都具备“罗文精神”，才能形成强大的凝聚力和战斗力，把企业这艘巨轮成功驶向彼岸。

◄ 第二篇 ►

对上级的心理管理：中基层管理者的心理难题

除了企业的最高领导之外，企业中的每一个人都有自己的上级，因此在企业这个大团队和每个部门这个小团队中，每个人都需要和自己的上级建立和谐、融洽的关系。作为下级，首先应该从自身出发，从自己的心理出发，真正树立和培养与上级相处的心理管理能力，也就是首先要进行有效的自我心理管理，才能与上级建立和谐、融洽的关系。

第一章　分析上级心理

要想和上级建立积极、和谐的工作关系，作为下级应该首先弄清上级的真正意图、想法、好恶，理解上级的处境和工作做法，从心理上做好与上级和谐相处的准备。上级固然是领导，但他首先是一个人。作为一个人，他有他的性格、爱好，也有他的语言习惯等。你必须了解清楚，才能与上级建立并保持积极、和谐的工作关系。

会揣摩上级意图的人能胜大任

在不同的情况下，上级的心理状态是截然不同的。那么，作为一个下级，就要学会在不同的情况下用心揣摩上级的真正意图，分析上级这样做的真正心理，这样你才能准确地领会上级的想法，才不会背离上级的真正意图，才能把工作做到位，才能想上级所想，甚至把工作做到上级的前头，争取更多的时间。

一个下级必须具备善于预料、揣摩上级心理意图和意愿的能力，更确切地说，这是一种心理分析的能力。在滑铁卢战役中，英国名将威尔顿有一次在视察前方的情况后，顺手把他的手套丢在一个视察时经过的小山丘上，然后一言不发地回到了营地。他的部将中，许多人并未将这件小事记在心里。但是有一个人却注意到了这个细节，他把威尔顿的手套捡了回来。经过深思熟虑之后，威尔顿对他的这位部将下命令说：“我要你在我那天视察时丢手套的地方设火炮，随时待命攻击。”这位部将立即回答道：“报告主帅，我已经架设好了。”威尔顿听后满意地一笑。

这位部将为什么能够准确地判断出主帅丢手套的真实意图呢？那是因为他用心分析了主帅当时在视察时丢手套的心理活动。作为一个身经百战的主帅，在视察前沿阵地时，将自己的手套丢在视察过的一个小山丘上，这本身就是很值得部将注意的举动。想必这位部将当时也有着类似的心理活动，至少他注意到了主帅的“异常”举动，然后对这一举动进行了心理分析，再加上结合当时前沿阵地的情况，那么他很快就分析出主帅那样做的真实意图。一个这样的下级，作为上级是很乐意拥有并委以重任的。

我们常说：“我又不是你肚子里的蛔虫，我怎么知道你在想什么？”其实，一个人的心理活动必然会在他的行为举止上体现出来，关键是看你有没有用心去揣摩它。

“揣摩学”曾是封建专制体制的产物。在过去“伴君如伴虎”的时代，作为臣子，倘若不善于揣摩皇上的心思，日子肯定过得惶惶不安——说不定哪句话、哪件事触怒了龙颜，丢掉乌纱帽挨板子还是轻的，弄不好人头也得搬家，甚至还有可能株连九族。史家巨子司马迁就是这方面的代表。大将李陵在一场大战中因寡不敌众被俘降敌，汉武帝震怒，要治李陵全家之罪。太史公在汉武帝气头上为李陵辩护，说他乃名门之后，一贯忠勇善战，这次又以五千士兵杀敌万余，完全可以将功补过；这次降敌，指不定是诈降，日后会伺机回报汉朝的。司马迁的一番慷慨陈词自有他的道理，却不料此时的汉武帝需要用战死沙场的武将来作天下人的榜样，以巩固江山。不会揣摩领导意图的司马迁就这样触了霉头，被处腐刑入狱。

固然，在现在的职场中，即使没学会揣摩上级的意图，也不至于落得个司马迁那样的下场，但想想看，一个连上级真实意图都无法真正领会的下级，又如何能够得到上级的赏识和重用呢？那事业的步步高升又从何谈起呢？

懂得欣赏自己的上级

上级，作为自己的领导，总给人一种高高在上的感觉，因此，对于很多管理者来说，能得到上级的赏识是很重要的。但是，在他们的心里总是忽略了一个重要问题，那就是上级也存在着得到他人赞赏的心理，尤其是需要来自他的下级的赞赏。这不是阿谀奉承，是对上级才能的一种肯定。这种赏识，会让上级得到很大的心理满足，对协调上下级关系是很有好处的。

其实，懂得赏识他人，是一种做人的美德和智慧。无论对方是你的上级、下级，还是你的对手、敌人。在管理中，上下级彼此之间难免存在利益的差别、思想的分歧，但更具有一致的目标、相通的感情，更需要相互的支撑、相互的理解。在一个人的周围，无论是上级、同事，还是下级、朋友，都有可以欣赏的亮点，有可以学习的地方。一个人懂得用心去欣赏别人，把慰藉和力量给予他人的同时，也把激励和鞭策给了自己。因为在欣赏他人的过程中，自己往往也能以人为镜，看出不足，找出差距，从而不断提高素质能力和修养水平。英国哲学家培根说："欣赏者心中有朝霞、露珠和常年盛开的花朵。"心灵美好、胸怀宽广、虚怀若谷的人，才能懂得欣赏他人。

懂得用心欣赏他人，有利于形成融洽和谐的人际关系。一个人希望得到他人欣赏，并不等于图虚荣、好面子；一个人懂得用心欣赏他人，也不是不顾事实、只唱赞歌。真正的欣赏是内心真诚和善意的流露，是理解和尊重的体现。这样的欣赏，给人以温暖和关怀，有利于激励人们施展才华、发挥才智，有利于增进人与人之间的信任和感情。反之，一个人如果在心里把同行视为冤家，看他人一无是处，往往会引起摩擦和冲突；只有学会用心欣赏他人，以诚待人，学人之长，才能营造融洽和谐的人际关系，从而集中精力干事业。

上级之所以成为上级，是因为他确实有过人之处，有很强的能力，这种能力在平常的工作中会得到充分的展现，但如果再加上来自自己下级的真心赞赏，那么上级在得到心理满足的同时，更会从内心感谢你的赞赏。这就像每个人做了很让自己得意的事情，总希望能够得到别人的赞赏一样，其实，他期望得到的是别人的一种认可，对自己能力的一种认可，一种发自内心的心理共鸣。这甚至比事情本身更让他有成就感。

但是，赞赏上级要注意，不能存有拍马屁、阿谀奉承的阴暗心理。什么是真心的赞赏，什么是夸张的逢迎，上级心里一清二楚。尽管好听的话谁都爱听，但听得多了总会起腻，再说，你虚伪的夸赞只会使上级怀疑自己的能力，最后只能适得其反。而真心的赞赏，就像一缕春风吹过心田，总会让人有心旷神怡的感觉。

世界是丰富多彩的，欣赏良辰美景能愉悦人们的心灵，欣赏精品佳作能提升人生的境界。其实，人与人之间更需要真心欣赏，欣赏给人们带来无穷的力量。得到他人的欣赏，就是得到他人的鼓励，自然会从内心感到幸福和快慰。爱人者人必爱之，懂得欣赏他人，拥有一颗欣赏他人的心，自己也必然收获友谊和快乐。

消除“对上”的恐惧症

许多职场中人都有这样的心理，那就是害怕和上级打交道，害怕和上级接触，甚至对此有一种莫名的恐惧感。而这种“对上”的心理恐惧症直接导致他们在工作中束手束脚，无法真正施展自己的才能。这种恐惧心理也直接影响了他们在工作中的正常表现，甚至造成了一种心理负担和心理压力。

每个人都有过自己的学生时代，我们会记得许多学生见到老师很怵头，很害怕和老师接触，甚至一提到老师，就会表现得很不自然，见到老师迎面走来，会绕着道躲开。之所以有这样的表现和反应，从根本上来说，是他们没有摆正自己的位置，没有一个正确的心理状态。如果从心理上分析，那就是他们普遍存在着不自信甚至自卑的心理。我们会发现，那些自信的学生，即使学习成绩不是很优秀，也一样愿意和老师接触，甚至还受到老师的喜爱。

同样的道理，那些害怕见到上级，不愿意和上级打交道，甚至对上级存在恐惧心理的下级，同样是他们的不自信心理在作怪。和在学校一样，无论你怎么害怕见到老师，你还是不得不接受每天和老师见面的事实。在工作中，在同一个企业中，无论你怎么恐惧见到上级，怎么恐惧和上级接触，你还是不能避免和上级在工作中的频繁接触。那么，要想做出成绩，充分施展自己的才华，就必须消除“对上”恐惧症这种心理压力。

上级固然比你地位高、权力大，甚至决定着你的前途和命运。一个很怕和上级接触的下级，必然会想尽办法避免和上级接触，即使避免不了，也因为存有恐惧的心理，表现会很糟糕。如果不能及时摆脱这种心理束缚，就会形成一种恶性循环。你越怕见到上级，你就越抵触，而你越抵触，你的恐惧心理就会越来越严重，随着这种恐惧心理的加重，必然影响到你在工作中的表现。

事实上，这种“向上”的恐惧心理完全是没有必要的。在工作中，首先你不可能完全避免和上级的接触，既然如此你就要调整自己的心理状态来面对上级。而且，你和上级的接触基本上都是出于工作的需要，那么在工作这个范围之内，你们的接触完全是以做好工作为前提的，你需要做的只是正确领会上级的意图，很好地完成自己的工作，得到上级的认可而已。如果你恐惧和上级接触，你就无法真正了解上级的为人处事以及工作方法，也就无法和上级在工作中达成默契，那么势必会影响到工作的顺利开展。

另外，在职场中，你的上级对你的事业有着举足轻重的影响。你在工作中的表现，你的潜力，你留给上级的印象等等，这些都关系到你的事业。你恐惧和上级接触，一会使你无法在工作中施展自己的才华，二会使上级无法真正了解你的能力和品德，无法给你的工作下一个肯定的结论。更有甚者，工作了不短的时间，上级甚至都对你没有什么印象，不记得你的名字，更不记得你有什么突出的表现，那么即使有很好的机会，上级也不会想到你。还有，你抵触上级的心理，在上级看来，就是缺乏自信、不成熟，这样自然不会给上级留下好印象，反而可能让他对你产生成见。

最后，上级的能力和处理工作的方法，有许多是值得下级学习和借鉴的，你恐惧的心理使你无法和上级很好地交流和沟通，你自然也就失去了很好的学习机会。

听话听音——学会揣摩老板的潜台词

在你工作的经历中，你会发现，上级在下达命令时，往往出于各种因素的考虑，不会把话说得很透，有时候似乎说得意犹未尽。但是，作为下级，一定要有这样的心理准备，那就是不要只听上级话语的表面意思，还要学会用心分析话语背后的意思，分析上级话语中包含的潜台词。

许多下级会犯这样的错误，当上级不满意他的工作结果时，他会理直气壮地说："当时你就是这样要求的呀！"但事实上，如果上级真的是这样要求的，而你又是完全按照他的要求来做的，那他就不会表现出这样的疑问。上级之所以有这样的疑问，就是因为你没有用心分析上级命令后面的意思，你没有达到上级真正要求达到的结果和目的。上级需要的不是"应声虫"，而是一个能够真正了解他内心所想的得力下级。那么，作为下级，你必须了解上级的这种心理要求，才能达到"心有灵犀一点通"的效果。

有句俗话叫"锣鼓听声，听话听音"。上级的一句话背后，可能包含着不止一种意思，你作为下级要想真正领会上级的意思，就必须用心分析上级的用意。

某企业人力资源部主管李某，在他的五年工作经历中就不止一次遇到过这样的事情。当然，一开始他只是明白了老板的表面意思，但和老板的真实内心想法背道而驰，结果失去了一次机会。他于是吸取教训，平常多观察老板的举动，用心分析老板的言谈，真正捕捉到了老板的内心动机。

有一次老板和他谈话，老板先是夸了他的业绩不错，认为他可以担当更重的职责，然后又说最近行业不景气，利润与去年相比下滑得厉害，最后就问他如果他做部门主管的话会不会考虑裁员。当时他愣了一下，马上就说“不会”，因为很多同事都是一起出生入死的。他清楚地记得当时老板脸色有点变了，后来，他的同事升为部门主管。事后他才想清楚，老板的意思就是想裁员，如果他用心分析企业的现状，从老板的心理出发，站在企业发展的角度去考虑老板的一番话，那么升职的就会是他而不是别人。

有了这个教训之后，他遇事多了一些思量，在不违背自己做人原则的基础上，也开始学着用心分析老板的心理，听老板的话中话。有一次老板要去欧洲出差，在此之前问他：“你的英文和老外交流没问题吧？”虽然他对英语不那么自信，但他听懂老板的潜台词就是，如果可以的话就和他一起去欧洲，那他当然就说没问题，果然他获得了这次公干的机会，而英文上的不足他在回家后补课就行。

和老板一起到意大利出差的时候，他们拜访了一些老客户，老板对其中一位客户的产品明显很感兴趣，但觉得价格有一点高。老板用咨询的口气问他，他给老板的回答是“很不错，值得购买。”其实他知道老板已经做好了买的决定，老板来问他只是确定一下，他可千万不能扫了老板的兴，他需要做的只是满足老板的这种心理需求。果然，老板听了他肯定的回答，兴高采烈地和这家公司签了约。

很多时候，听着老板的话，联系他前面的话语，观察他的表情，你就能知道他言外之意是什么了。作为下级，就要学会察言观色，通过上级的言谈举止来了解他内心的真实心理，才能真正领会上级的意思。

参照上级的好恶指数调整自己的心态

上级对于下级来说，除了是工作上的领导外，他也和其他员工一样，也是一个正常的普通人，也有自己的喜好，有自己工作之外的生活，有对事物的评判标准，有自己的是非标准。上级欣赏的是能深刻了解他，并知道他的愿望和情绪的下级。因此，作为下级，你应该用心了解上级的一切，尤其是上级的好恶。这对你与上级的相处有很大的帮助。

你的不同上级一定各有不同的好恶。要想在职场得志，必须左右逢源、八面玲珑才行。要把这一点修炼到家，就必须在待人处世时用心了解对方，做到知己知彼，针对不同的人采用不同的方法，满足其心理需求，投其所好，这样才能使自己立于不败之地。和上级相处，首先要搞清楚他的兴趣爱好、了解其意图、掌握其心思。然后，注意察上级之言、观上级之色并摸清他的喜怒哀乐，分析他的心理活动，在此基础上对症下药，投其所好，尽可能迎合他的心理，满足他的需要。只有如此，你才能赢得上级的好感，使他有兴趣了解你的能力、考察你的才干。

下级要了解上级的好恶，察言观色是关键。也就是说要根据上级的情绪变化调整自己的情绪；根据上级的性格和好恶，修正自己的处事方式，从而与上级建立起一种良好的关系。小魏为人热情大方，很善于与各种各样的人打交道。在调到一个新单位后，他首先想到的是如何赢得主管的好感和赏识。在做了一番调查后，他得知主管为人处世比较保守，于是就毅然舍弃了长发、牛仔等时髦装扮，而以循规蹈矩的形象出现在上级面前。

在初步赢得上级的好感后，小魏充分发挥自己热情、乐于助人、慷慨大方的优点，主动与上级交往，建立起朋友般的友谊。小魏并不是经常围着上级转，而是设法去顺应上级的性格特点。他的上级有一个最大的爱好——下围棋，于是，在围棋上刚入门的他就苦练了一段时间的棋艺，然后频频在上级常去的一家俱乐部露面，每次都是和主管一起对阵、切磋棋艺，在棋来棋往中，上级与小魏成了好朋友。经过这样一番交往，上级水到渠成地了解了小魏身上的优点和才能，在工作中对他委以重任，小魏从而赢得了事业上的成功。

不过，千万不要以为投上级所好只是一味迎合或曲意奉承那么简单，而是要能洞察上级的个性与偏好，以及他们的心理需求，进而采取适当的配合行动或对策，方可显出功效。如果你的上级要求下级做事积极主动、不可拖泥带水，你就应该积极高效地完成任务；如果你的上级是个完美主义者，希望慢工出细活，那你就要注意工作中的细节，尽可能把工作做得尽善尽美。

下级要了解上级的好恶，倘若你在汇报中插入一些上级平素喜欢使用的词，就会让他对你另眼相看。此外，对上级的工作习惯、业余爱好等都要有所了解。如果你的上级是一个体育爱好者，你就不应在他的球队比赛失败后，去请示一个棘手的问题。

要做到这一点，作为下级，你就必须将心比心，用自己的心理来体会上级的心理，了解他的心理活动和需求，从心理上投上级所好，避上级所恶，才能在与上级相处时游刃有余。

不要高估上级的心理承受能力

上级在许多下级的眼中似乎是无所不能的，但事实上这是一个严重的误区。上级所处的地位，注定了他要承担更重的责任和压力。在很多时候，上级同样会遇到难以解决和取舍的问题，有时甚至也会犯错误，这个时候，作为下级，你要学会从心理上去理解上级，从内心去体会上级的处境和心理，进而来帮助上级解决难题，走出心理困扰，而不是袖手旁观，更不能幸灾乐祸。

上级也是人，也会有自己的烦恼，甚至也会因此而影响对工作的判断。有的时候，上级也会被迫做出一些下级难以理解和接受的事情。这个时候，作为下级，应该首先了解上级之所以这样做的心理动机，了解上级真实的心理想法，找到上级最初的心理动因。这样，你就会理解上级被迫做出决定的处境和心理，就会理解上级的难处和迫不得已。没有一个上级会无缘无故地做让人不理解的事，他必然有不为下级所知的处境和心理。

所以，作为下级，在上级遇到心理困扰时，首先应该用心去了解上级的处境，在了解的基础上，进而理解上级，并从上级的心理出发，尽力去帮助他。尤其是上级在工作中出现失误的时候，千万不要持幸灾乐祸或冷眼旁观的态度，这会令他极为寒心。此时的你应该帮他总结教训，多加劝慰。持指责、嘲讽的态度容易把关系搞僵，使矛盾激化。己所不欲，勿施于人。将心比心，当你犯错、失败的时候，也是希望得到别人的帮助、劝慰而非冷嘲热讽甚至落井下石吧？你的上级也是如此，如果你能体谅上级的处境，并且在他需要的时候伸出援手的话，你定会得到上级的信任，上级以后也会对你另眼相看。

在对待上级的错误这个问题上，员工普遍存在两个认识上的误区：一是认为老虎的屁股摸不得，上级的错误提不得，最好睁一只眼闭一只眼，只当不知道，反正出了问题由他们自己担着；另一种想法认为，现代企业提倡民主，看到上级有错误应该立即坦率地指出来，这才是主人翁姿态。第一种是明哲保身的态度，但不要忘了上级的许多错误会与员工的工作息息相关。错误决定会导致大量无用功，导致员工自身业绩下降，上级最终很可能怪罪到你的头上，认为是属下的无能导致了失败。如果他知道你原先有想法却不说，反而会更加愤怒。后一种人其心可嘉，其言却不可取。这类员工往往高估了上级的心理承受能力，忽视了上级“被尊重”的心理需要，不知不觉中就得罪甚至伤害了上级的自尊心，为自己的职业发展埋下了祸根。

实际上，遇到这样的情况，下级需要把握好这样两个原则：第一个原则是不要将上级看成完美的人，不要以为上级心理都很健全、理性、大度。恰恰相反，现实中不少上级通常感情用事，有时也不那么公正（虽然他们自以为公正）。尤其是上级的自尊心一般都比较强，而“大度”通常是做给别人看的，心底里也是喜欢被赞美，害怕被指责。如果理解了上级真正的心理需求，下级在表达想法的时候就不会过于坦率。“适度”是向上级表达意见时最重要的修养，是对上级尊重和敬重的表现。第二个原则是不只将上级看成“上级”，还要把他看成你的“客户”。搞销售的人最有体会，当客户有了不合理甚至错误的要求时，直截了当地拒绝或表达愤怒都不妥当，搞不好还会激怒客户，使客户对你有看法。最好的方法是毕恭毕敬、小心谨慎，或晓之以理、动之以情，最终只有一个目标——尽量减少错误，最终拿到订单。你需要做的就是分析上级此时的心理需求，将上级看成自己的客户，在满足其心理需求的情况下，帮助上级实现他的目标。当“客户”身上发生不合理的情况时，你要做的就是以最恰当的方式，提供你的建议，并努力提高工作绩效，使之朝更有利的方向发展。

以请教的方式与上级交换意见

作为一个管理者，自然比普通员工有更多的机会接触到上级领导，也有更多的机会和上级领导交换对于工作的看法，甚至向他们提出自己的意见。但是，这个意见怎样才能让上级领导更容易接受呢?

作为上级，自然希望下级尊重自己，乃至体谅自己的心理需求。因此，如果你有意见需要向上级提出，你应该先考虑到上级的心理需求，以请教的方式提出来。这样会让上级产生被人尊重的心里感觉，也会增加上下级之间的信任，从而有利于减少摩擦和敌意，建立彼此相容的心理基础。具体来说，以请教的方式与上级交换意见会起到以下三种作用:

首先，你以请教的方式提出意见，这说明你在提出意见之前，已经仔细用心地研究了上级的方案和计划。经过向上级的请教，能够实现和上级的求同，随着你们之间共同的东西的增多，你们双方也就会变得更加熟悉，也就越能感受到彼此心理上的亲近，从而消除彼此之间的疑虑和戒心，使你的上级更容易相信和接受你的观点和意见。

其次，你以请教的方式提出意见，能够增强上级对你的信任感。当你用诚恳的态度来进行彼此的交流和沟通时，上级就会逐渐了解你的真实意图和动机，而且也愿意倾听你对问题的分析和意见。上级能够静心倾听下级提出意见的过程，这本身就是一种信任。社会心理学家认为，信任是人际沟通的“过滤器”。只有对方信任你，才会理解你良好的心理动机；否则，你提出的意见再好，也会被“不信任”的“过滤器”过滤掉。

再次，你以请教的方式提出意见，并注意说话的语调，做到“忠言”不必“逆耳”，就有效地消除了上级的对立情绪，从而避免了双方可能陷入的尴尬境地。

许多管理者总会想，我向上级提出我的意见，证明我是为了企业着想，自己并没有藏着私心。因此，就“理直气壮”，说话的语调和态度也就不会注意了。诚然，你的出发点和心理动机是为了企业，不是为了自己，但要知道，没有哪个上级愿意看到自己的下级来责难自己。即使你的理由非常充分，他们也会因为感觉受到了责难，而面子上难看，以致根本就不会听你的意见，更不会去深入研究你的意见的可行性，甚至可能因此而对你产生看法。一旦这种对立情绪或者敌意产生，就很难在短时间内消除。如果再碰上气度小的上级，还可能在以后的工作中故意刁难你，因此，与上级交换意见时不可“理直气壮”，要讲究表达方式。

心理定位要与自己的角色相符

在职场这个大舞台中，每个身处其中的人都扮演着一种角色，这个角色规定了你的职责范围和权限，限定了你的位置。因此，要想扮演好这个角色，要想让自己扮演的角色出彩儿，就必须认清自己的角色，使自己的心理定位和自己扮演的角色相符。一旦有了超越角色的心理作祟，你必将受到规则的惩罚。

在职场中，作为下级，就要有下级的心理定位，不能因为一时的得意而超越这种心理定位。在与上级的相处中，更是要严格掌握这种心理定位，把握住自己而不越位。要正确认识自己的角色，把握自己，做到出力而不越位。在职场中，工作应该由谁干，这里面有时也有几分奥妙。抢先去做本来由上级出面做更合适的工作，就会造成干工作越位；表明对某件事的基本态度，一般与一定的身份相联系，如果超越身份，胡乱表态，是不负责任的表现，是无效的；处于不同层次的领导，其决策权限是不一样的，不能有超越权限的心理，擅自做主；有些场合，如应酬客人、参加宴会，应适当突出上级领导（走在前面、位置居中），不能有过多显示自己的心理；有些问题的答复，需要相应的权威，擅自答复由上级答复更合适的问题，也是一种越位。

从某种意义上说，你是在给上级工作，对上级负责，所做的一切都是上级交给的任务。所以应时刻想着上级，尊重上级，甘心为上级效力。越是才华出众，越是要谨慎地处理同上级领导的关系。目中无人、骄傲自大的心理，往往会给自己带来诸多不利。一个恃才傲物、目无上级的下级，决不会得到上级的赏识和提拔。

另外，作为下级，还要注意上级的心理感受。上级的尊严不容侵犯、面子不容亵渎。上级领导理亏时要给他台阶下；当众纠正上级领导的错误是非礼表现；上级的忌讳不可冲撞；消极地给上级保面子不如积极地给上级争面子。

当然，上级并不总是正确的，但上级都有希望自己正确的心理需求。因此，作为下级没有必要凡事都与上级争个孰是孰非，给上级台阶下，维护上级的面子，其实也就是给自己多留一条路子。

在公开或正式场合，一般的上级都喜欢下级恭维自己，讨厌下级抢镜头、抢座次。一些上级平时与下级距离过近，界限不分明，随随便便，甚至称兄道弟，把下级惯坏了，下级心目中的“上级意识”淡薄了，遇到正规场合，下级就可能有意无意地伤害上级的尊严。

总之，作为下级，切不可认不清角色，导致越位，造成出力不讨好的现象发生。

第二章　配合上级工作

在工作中，上级领导下级，但同样上级也需要下级的配合。因为许多工作都是由下级来具体操作的，上级更多的是进行决策和规划。作为下级，除了服从上级外，还要更多地从上级的角度和心理出发，摆正自己作为下级的心理定位，体现自己作为下级的素质。

要处处维护上级形象

在工作中，你可能会遇到各种各样的上级领导，面对不同的上级，你要有充足的心理准备和心理素质来应对他们。这就需要你用心、认真分析不同上级的性格和工作方式，以及他们的心理变化，从而有针对性地满足他们的不同心理需求，做到从容应对。

当面对平庸型的上级时，首先你要仔细观察他，如属自身素质问题，则不必苛求。如果上级是你的前辈，就不必要求他适应年轻人的心理需求，因其不会有与你一起“闯世界”的激情，想改变他

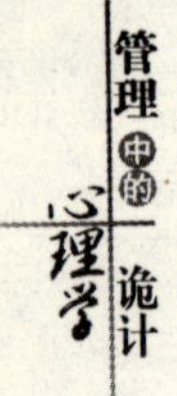

是徒劳的。其次，你要努力发现他的特长与长处，多肯定，多赞扬，以鼓励他发挥优势，并对你产生好感，对你的所作所为不反感，无敌视态度，即达到目的。当然，只要他不妨碍你、干涉你，你尽可以按自己的想法努力去做自己想做的一切，不要把自己的前途、命运寄托在他一个人身上。期待值小一些，你会获得心理上的平衡，减少对他的埋怨。更不可只发牢骚、自暴自弃。这样的上级，普遍的心理就是生怕下级瞧不起自己，只要你不这么做，还有意维护他的形象，那么他也不会找你的茬。

当面对优柔寡断型的上级时，他反感下级指出甚至指责自己的这个缺点，但他们也同样有优点。所以，你要尽力利用他们比较求稳、遇事较细致、不莽撞的特点，仔细推敲你的方案，确信没有漏洞，具有实践的可能性，然后再提出来。这样，他比较易于接受。另外，这种上级心细、谨慎，有时会出奇地固执，不会随便附和众人的意见，甚至会有较强的对抗情绪。你与之谈话，不要性急，而应力求自然。在维护他的情绪的同时，促使他下决心。

强迫型的上级容易主观臆断、独断专行，经常用命令的口吻同下级谈话、提要求，有希望所有的人绝对服从的心理。因此，面对他的这种心理，你首先要不卑不亢，该执行则执行，该拒绝则拒绝，一味服从和奉承，只能加剧其独断专行的心理定势。另外，如果你觉得个人的抗拒没有结果，就要尽量地减少与他的正面冲突，以免他形成成见，认为你有意和他作对。还可以寻找机遇显示出你超越他的才干、学识与能力，争取他的重视。通过“认同”与“沟通”，与之建立比较亲密的个人关系，经常渗透你的思维习惯。

挑剔型上级好挑剔、指责下级，面对这样的上级，你要多汇报，让他知道你在干什么，不仅汇报困难，更重要的是介绍如何克服困难。多请教，工作中多听取他的意见，你的工作成绩中有他的指导成分，有他的心血，尽量不激发他挑剔的心理。

缺乏信任型的上级，他们总有怕下级做不好的心理，这时你要首先有良好的心态，去做那些你能做得很漂亮、很成功的小事。当你有了小成绩，要虚心，不要沾沾自喜、一味炫耀，而要把名利让给上级，把成绩归功于他栽培的结果。这样既取得了他的认可，又维护了他的形象，他自然会增加对你的信任。

面对嫉贤妒能的上级，你首先要有谦虚的心理，不可聪明外露而令其自惭形秽，要谦恭请教，满足他的权力瘾，他自然就无话可说了。

面对怀疑型上级，由于他们疑心重，担心下级轻视自己，自我防卫的倾向较浓。你要在心里不断地提醒自己，他在才干、经验、学识、阅历、人际关系等方面有许多优于你的地方。如果你在心理上轻视他，那么在言谈举止中便有可能不自觉地流露出轻视他的态度倾向。同时注意他的心理活动，观察其言行，多劝慰他，创造机会和条件，让他显得很重要。

面对无节奏型上级，他们一是思想水平低，抓不住主要问题及上级意图；二是心理素质差，缺乏大将风度，没有养成有条不紊地开展工作的习惯。因此，你要以静制动，以稳制乱，既要听从他的安排，又要保持清醒的头脑，在明显的失误处，适当做一些变通和修正。同时出色地完成你的工作任务，以减轻其紧张、焦虑的心理。千万不要以急躁心态应对，因为他的心理能力有限，你的急躁心理只能招致更大的混乱。

也许你的上级可能是不如意、不理想的，但要真心地相信，人是有感情的动物，只要你掌握了他的心理活动的特点与规律，并克服自身的弱点和急躁心理，便可以在维护他们形象的同时把工作做好。

把功劳划归上级名下

许多职场中人容易犯的一个错误就是一旦做出成绩，就觉得自己高大无比，谁都可以不放在眼里，觉得自己就是企业的顶梁柱，缺了自己，企业就会运转不灵。更有甚者，到处宣扬自己的成绩，将所有的功劳都划归自己的名下，完全将上级和同事排除在外。殊不知，这样做的后果就是将自己逼进死胡同，没有了退路，为自己树立了很多的“敌人”。

作为下级，一定要有这样的心理，那就是你的功劳有自己的一半，更有上级的一半。虽然看起来工作是你做的，但是上级的指导和配合同样是必不可少的。所以，你必须端正自己的心态来面对取得的成绩。在遇到困难时，你想得到上级的帮助，那么在取得成绩时，同样要想到上级的帮助。你的这种大度心理会为你赢得上级的好感。

有的时候，对于工作上取得的某些成绩，要把功劳让给上级。通常情况下，上级会设法还给你这笔人情，对你来说，到头来是绝不会吃亏的。当然，需要注意的是，你千万不要对外公开宣扬你向上级让出去的功劳，否则你的善意将会化为乌有。想想看，作为上级，得到下级让出来的功劳，本身心理上就觉得有愧疚，当然更不愿意别人知道。而如果你说出来，他的面子和权威受到了挑战，这种挑战近似于对他的侮辱，他的心理必然会产生反感，甚至产生打击报复的心理。那你的日子就不好过了。相反，如果你不计较个人得失，大度地向上级让出部分功劳，他不但在心里感激你，还会想办法来还你的人情，自然会在以后的工作中更重用和赏识你。

往往在工作中，个人的得失是小的方面，顾全大局的心理才是最可取的。在上级面前，你不计个人得失的大度会让上级对你刮目相看。

我们知道，上级对自己的事业和前途有着很大的影响，这种影响有时甚至是起决定性作用的。单从这一点考虑，在上级面前就没有必要非得计较个人的得失。另外，你不计较个人得失的心理，会让你在工作中赢得更多的主动和尊重，这也体现了你良好的修养和品格。这种大度的心理会为你赢得更多的机会。舍小得大，这才是大智慧。

为上级挺身而出、主动揽过

在上级的眼中，一个有责任感的下级是一个值得信赖的下级。这种责任感不但表现在你平常的本职工作中，更表现在出现问题的关键时刻能够挺身而出，替上级分忧和主动揽过。

作为一个下级，必须有这样的心理准备，那就是在公事上，上级的过错就是你的过错，上级的困难就是你的困难，当上级不方便出面时，你要有挺身而出替上级分忧和敢于主动揽过的心理素质。

通常情况下，上级所做的工作很多，但并不是每件事情都愿意自己亲自去做或出面。这时，通常就需要下级去代劳，替上级将棘手的事情办好，替上级排忧解难。

作为上级，无论是在公事还是私事方面，都有遇到困难的时候，但身为上级由于心理的原因，又不好直接让下级来出面帮助自己。这时候，作为下级，应该主动伸出援助之手，而不要等到上级最后开口才去做。

从心理上说，求人帮忙，一般是万不得已才为之的。求人帮忙，就是把自重感让给了对方，而让自己承受一种自卑感或负疚感。如果下级无动于衷，上级再三请求才开始行动，他的自卑感就会达到顶点，就会感到一种被侮辱的感觉，自卑感会逐渐变成厌恶感。很多事实表明，一般人都很讨厌这种见难不帮的人，因而很多时候宁愿让困难发展到不可收拾的地步也不愿意去求人，甚至不愿意同这样的下级相处。

在上级有过失的时候也是一样。一般来说，上级有愿意做大事、不愿意做小事的心理。上级的主要职责是“管”而不是“干”，是过问“大”事而不是拘泥于小事。因此，在实际工作中，大多数小事都由下级来做。

同样的，上级有愿意做“好人”，而不愿意做“恶人”的心理。在工作中矛盾和冲突是不可避免的，此时上级最需要下级挺身而出，敢于主动揽过。

多数上级有愿意领赏，不愿意受过的心理。没有哪一个上级愿意在下级面前承认自己的过错。即使有，也并不多见。大多数上级都是见功则高兴，见奖励则高兴的，在评功论赏时，上级总是喜欢冲在最前面；而犯了错误时，或有了过失后，许多上级则会选择后退，甚至是逃避。此时，上级就急需下级出来保驾护航，敢于代上级受过。

作为下级，除了严重的、原则性错误以外，在某些特殊情况下，出于对工作和上级领导负责的目的，要敢于负责任，敢于面对问题，把过失揽到自己身上，有利于维护上级的权威和尊严，把大事化小，小事化了，不影响工作的正常开展，可以适当地代为受过。

关键时刻，为上级领导挺身而出，上级领导才会真正地认识和了解你。人生机会难求，不要错过表现自己的大好机会。

所以，作为下级应该时刻有这样的心理准备。有时应主动出面为上级领导挡驾，处理掉那些不必惊动上级领导的事情，使上级领导把有限的精力用于谋划大事上。当然，挡驾也是一门艺术，领导对不同的来访者有着见与不见、早见与晚见之分。做得不好，可能会加重领导的负担；做得过分，可能影响上级领导与下级和群众的关系。所以应本着用心、认真、负责的原则，对情况予以核实和整理，最后征求上级领导的处理意见。

除此之外，作为下级，还要有能力处理各种麻烦。对有些问题，上级领导出于种种考虑，不宜出面解决或公开表态。这时要不怕麻烦，协同上级领导一道把问题处理好。有两点要注意：其一，须得到领导的授权和指示；其二，不论处理结果如何，要以恰当的方式向上级领导汇报。

听到别人对上级领导多有抱怨时，要勇敢地提醒这些共事的伙伴，不要忘了上级领导的优点。要学会鼓励抱怨的人采取具有建设性的方式来表达意见，而非只是宣泄不满的情绪。

总之，有时刻为上级挺身而出的心理，替上级分忧的心理，就可以在更大程度上赢得上级的信任和感激，对自己以后的发展一定有益无害。

未成熟的建议不要提

作为一个中层管理者，你必须为企业的发展出谋划策，这就免不了向上级提出你的建议和想法。但是，你一定要注意，在向上级提出自己的建议时，想想自己的建议是不是考虑成熟的，甚至是不是合理和有建设性的。否则，在自己还没有考虑成熟时，就莽撞地向上级提出自己的建议，即使你的建议是合理可行的，也会达不到想要的效果。

因此，准备向上级提出建议时，你一定要慎重，要有充分的心理准备，力求达到言而有功、劳而有成的效果。

在提出建议之前，一是要做到深思熟虑反复论证自己的建议，从而使自己的建议能经得住各种考验。比如，自己的建议有没有准确而有力的数字和事实材料？上级听了自己的建议会提出哪些问题，自己将如何回答这些问题？与你的建议相反的那些观点，你能做到将其驳倒吗？等等。

二是要多准备几套方案，只有多准备几套方案，才会增大上级接受你的建议的可能性，同时也给上级以很大的灵活性。当上级提出一种你意想不到的方案时，你应该要高度重视，仔细考虑，反复论证，切不可采取简单肯定一切或否定一切的形而上学的做法。

三是要研究上级的个性、习惯和思维方式，以及对某一特定问题的看法。这样在给上级提建议的过程中，才能做到"对症下药"，而且胸有良方。

那么，未考虑成熟的建议不应该向上级提，那就是说考虑成熟的建议就可以向上级提了？提是可以提，但必须选择合适、恰当的时机提出来，才能达到预期的效果。否则，还是可能起不到应有的作用。

因此，给上级提建议绝不是什么时候都可以提的。其中，关键就在于要掌握好合适的时机。时机选择是否恰当，对于所提建议的效果也有一定的影响。中国有这样的俗话，叫做“人逢喜事精神爽”，就是说精神状态如何对办成事情是有一定影响的。

心理学家的研究成果表明，人在情绪不佳、心有忧惧等低落状态下要比平常更容易悲观失望，思维迟钝而且惰于思考，情感波动大并且容易产生过激行为。这就说明，人是一种有着复杂的心理和生理特征的动物，其思维特征要受到某种心理状态的影响，因此，在人与人之间的交流中，一定要注意对方情感的变化，趋利避害，从而占据某种心理方面的优势和主动，防止使自己受到不必要的伤害。

上级也是人，同样无法摆脱上述思维规律的影响，这就提醒我们，一定不要在上级情绪不佳时提建议；而应该在上级心情高兴时提出你的建议，从而容易被上级所接受。这时，下级可以采取潜移默化传输思想的方式，也可以运用借题发挥巧妙引申的方法。但无论采取哪一种方法，都一定不要使上级感到难堪，更不能使上级感到扫兴。

和人相处是一门艺术，那么和与自己利益、前途密切相关的上级相处，就更是一门高深的艺术。管理者需要注意的是，怎样既提出了自己的建议，又没有引起上级的反感，还达到了预期的效果。

聪明的下级不当悲剧英雄

在企业管理的过程中，矛盾和摩擦是时刻存在的。矛盾并不可怕，可怕的是如果这些原本很小的矛盾，不能得到及时有效的解决，将会蔓延、侵蚀到整个团队中去，以致影响面越来越大，破坏整个团队的战斗力和凝聚力。

上下级之间最常见的矛盾就是彼此之间存在的误解和隔阂。如果处理不当或掉以轻心，误解就会化为成见，隔阂就会扩展成为鸿沟，这无论对谁都是极为不利的。因此，在遇到此类情况时，你需要及时巧妙的化解。

1. 主动沟通，消除误解。

在管理中，上下级是很容易产生误解的。误解的产生牵扯到多方面的因素，比如多疑、嫉妒、自私、自负等心理因素，都可能导致种种误解。就上下级之间的关系看，产生误解的原因大多是由于上下级之间存在着信息不通或沟通不足。由于缺乏足够的信息交流，彼此对对方的情况没有一个较为清晰的认识，所以在判断事情上加入了更多的主观色彩和心理因素，导致对对方的不客观认识和推测。不管产生什么样的误解，作为下级最明智的态度就是及时、主动地去消除它，不让它成为成见，更不能采取消极回避和等待的态度。

另外，面对上级的误解，下级还可以装作不知。在上下级之间的人际关系中，有些事情是不宜说破的。有时“难得糊涂”，反而会比明察秋毫好得多。因此，装作不知，用自己的行动全力支持和拥护上级工作，会拉近彼此之间的感情距离，从而自动消除上级的误解。

2. 不要把和上级“顶牛”当能耐。

上级面对不顺的局面，也难免会发火。这时候，下级如果处理不当就会影响工作的心境以及人际关系的和谐，因此要慎之又慎。

首先，就是让上级的火发出来。固然，上级有时发火的理由可能并不一定正确。但是，当上级发火时，最好的办法就是硬起头皮来洗耳恭听。正确的则虚心接受，不正确的则事后再找机会说明，决不能马上辩解和反驳，更不能火上加油，采取一些不恰当的做法。

其次，善于做好事后的解释工作。有人说：“聪明的下级应该采取更有效的方法协调和领导的关系。因为我们的目的毕竟是为了把事情做好而不是仅仅去当个悲剧英雄。”这也就是说，作为优秀的下级应该善于做好协调人际关系的工作，以便更好地实现领导目标。所以，当上级发完脾气后，聪明的下级应该向上级解释事情的原委和真相。如果上级批评得对，则虚心接受，并认真总结经验教训；如果上级批评错了，则要待上级的心境平息后，既拿出事实，又注意措辞和方式方法，必要时，还要给上级一个台阶下，从而在心理上求得认同，有利于矛盾化解。

3. 妥善处理与上级的分歧。

矛盾的产生往往基于对一些问题的不同看法，也就是意见产生分歧，有时对同一个问题争得面红耳赤，甚至大发雷霆。这是由许多因素造成的。而事实上，所谓的达成一致，也只能是一种大致的相同、相对的统一而已。上下级之间对某个问题产生分歧是很正常的现象，关键在于如何去统一意见。因此，下级必须妥善处理与上级的意见分歧，并掌握一定的处理技巧。

首先，要经常交换意见，努力达成共识。上下级之间为了减少分歧，应该在事前进行沟通、商量，争取在一些原则性的问题上达成共识，这样在开会研究时就能减少分歧。当上下级之间出现分歧时，下级应语调温和，避免冲撞，必要时可以暂时回避，学会“冷”处理。事后应及时与上级交换意见，切忌“当面不说，背后乱说；会上不说，会后乱说”，因为这种到处乱说的行为，最容易让人反感。

其次，给上级提出不同意见时，要注意时机、场合、分寸和方法。

再次，即使意见分歧，在行动上也要服从上级的指示和部署。这就是说，一旦上级决心已下，并做出了明确的指示和具体部署，下级在提意见的同时，还必须以积极的态度去贯彻执行。因为，上级的决策往往带有全局性，下级的意见往往又是反映具体情况，二者可能各有优点，也可能各有不足。所以，下级在处理与上级的分歧上，既要注意积极地执行，又要注意正面提出意见。

合理授权是最有效的管理方式

对于许多中层管理者来说，让他们苦不堪言的是，总感觉自己夹在上级和下级之间，就像个风箱里的老鼠一样，两头受气。对上级不敢得罪，对下级还得想办法调动他们的积极性，却唯有自己无人理睬。这其实是由中层管理者的性质和地位决定的。

作为中层管理者，一个很重要的职责就是在上级和下级之间起承上启下的作用，起协调的作用。因此，必须具备很强的心理承受能力。你可能会遇到各种类型的上级：有的上级总是将工作揽在自己身上，以显示自己的才能；有的由于各种原因，一味地揽权却不干实事；有的事必躬亲，或者“眉毛胡子一把抓”，工作没有轻重缓急。遇到这样的上级，你要想办法让他们授权。否则，其做法只会把上下级关系搞僵，而且充满矛盾和冲突，拉大上下级之间的心理距离，导致彼此间失去吸引力。

实践证明，造成上下级关系失调的原因是多方面的。但是，主要问题在上级方面。上级在实际工作中首先要通过合理授权，协调好工作关系。

授权就是上级将权力和责任授予下级，使下级在一定的监督下，有相当的自主权。授权后，上级可以保持指挥和监督的权力，被授权者负有完成任务的责任。在日常工作中，上级可以纠正下级的错误，但不应该代替下级作决定，不能干扰下级的权力。

上级将部分权力分授予下级，就是使用“分身术”，使部分权力和责任由下级分担。这样，上级就可以使自己的一脑变多脑，一身分多身，使自己的智慧和能力放大。从实质看，授权是一种各负其责的民主领导方式。上级的科学授权，一是可以减少自己的负担，使之从繁重的工作中解脱出来，集中精力考虑处理大事，搞好重大问题的决策和全局性的指挥。二是能够发现人才，利用人才，锻炼人才。上级通过授权，可以调动下级的积极性、主动性和创造性，让下级在工作中施展真才实学，这样有利于下级的锻炼、提高和发展。三是授权减少了某些请示和批复的工作环节，提高了工作效率。四是能够改善上下级的关系，使之从类似主仆关系变成合作共事、相互支持的关系，上下级关系会更融洽。

但是，应该让上级从心里认识到，授权必须遵循一定的原则，否则，就不能很好地指挥和监督。

首先，应遵循一级给一级授权的原则。授权应该在有直接领导关系的上下级之间进行，不能越级授权，更不能将自己权力范围之外的事授予下级。比如，上级把权力授予你，你再根据自己下级的工作职责，相应地授予你的下级。否则，容易导致管理层的矛盾和管理的混乱。

其次，因事择人，视能授权。工作需要是择人授权的出发点和目的。但是，把权力授予谁，应该先了解下级的素质和能力，做到先知其人，然后再授权。

再次，权责利对等统一。这是指被授权者的任事权有多大，责任就应该有多大。任其事，行其权，负其责，干好了或干坏了，都有利益上的相应奖惩，即权责利相符。

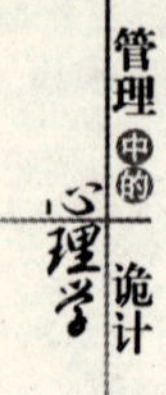

最后，要保持有效的控制。授权不是撒手不管，否则必然是失控。因此，既要授权，又不要失控，既要调动和发挥下级的积极性和主动性，又要保持上级对整个工作的有效控制，这是授权时必须遵守的一个原则。为了保持对整个工作的有效控制，可以通过制定明确的工作准则、考核办法、报告制度和监督措施等方法，一旦发现下级严重偏离目标，就应该及时加以纠正。

这样的授权，在每一个层次的管理者之间都存在，都必须遵循一定的原则进行。作为中层管理者，你既要完成上级交给你的任务，同时又要帮助上级监督和指挥下级员工来完成任务，这种中间的协调作用就像是润滑剂，时刻保证上下级关系轴承的良好运转。

第三章　使上级接纳你

一个不被上级所接纳的下级显然是无法开展工作的。要想使工作顺利进行，作为下级就要想办法和上级之间建立心理上的认同和默契，使上级从心理上真正接纳你，这样才会有与上级的配合和默契可言。你的上级从心理上接纳了你，才能真正接纳你所做的一切，接纳你的发展建议。因此，作为管理者必须给上级留下好印象，从上级的心理角度出发，体谅上级的处境和难处，真正从心理上与上级相通。

想办法给上级留下好印象

作为下级，你的所作所为，会直接影响到你留给上级的印象。因此，为了给上级留下一个好印象，你首先应该分析上级的心理和喜好，耐心寻找上级的特点，以他喜欢的方式完成工作。其次，你要有一个良好的心理准备来迎合上级的一些做法，当然，这些做法应该是正确的，不违背原则的。

1. 上级的话你一定要听。

泰勒在《政治家》一书中写道："专心致志地听就是一种最安全而且最灵验的奉承形式。一个人能做出自己洗耳恭听的样子，他就具有了获得人们好感的才能。"显然这种倾听本身就很有价值，当他带来理想的心理反应时，就会变得更加有效。

上级发表讲演，当他一坐下来你就鼓掌，他会把你的敬意当做是一般的礼节；但是，过了一会儿，你再鼓掌，是让他知道，你被他讲演中的某些精彩之处所打动和吸引。你也许会以为他很快会淡忘此事，其实不然，他会将你的赞扬长时间地铭记在心，甚至当你对他的讲演已经印象淡薄时，他还会念念不忘。

即使上级谈的都是一些老调，也要倾耳凝听，时而表示出共鸣、敬佩或应和的样子，决不可有一丝不耐烦的神态。前面说过，这种部下是最被上级赏识的。

上级多少都有对下属训话时谈经验的心理欲望，这时你不妨做个忠实的"听众"来听他高谈阔论。对这种肯比别人更用心聆听上级言论的下级，上级自然会给他更多的信任。事实上，演讲者对那些肯听自己发言的对象都会具有好感的。

聆听上级谈话时，在听讲中要随时露出感动、认同的表情，偶尔重复上级的话语，请求其给予更详细的说明解释。开始时会有点别扭，几次后，自然就会适应了。

总之，不管时间、不论场所，上级有所吩咐，一定要心悦诚服地以明快的声音和态度来应答。

2. 做个关心上级的下级。

对那种给自己关心的人，谁都会给予好感并且愿意与之为伍。同样，一个肯随时关心上级生活的下级，在上级眼中是最值得给予提拔的部下。因此为人下属者，一定不要吝惜这种探问平安的电话。当然，这种问候必须注意到时效性。除了关心灾害、生日和探病的事外，对于上级家的喜庆事也要祝贺一番。

3. 在公开场合给上级留足面子。

在上级的眼里，如果自己的下级在公开场合使自己下不了台，丢了面子，那么这个下级肯定是对自己抱有敌意或成见，甚至有可能是有组织、有预谋地公开发难。正如一位心理学家所说的那样："人们都喜欢喜欢自己的人，人们都不喜欢不喜欢自己的人。"这样，在公开场合不给领导留面子的结果便是，领导要么给予以牙还牙的打击，通过行使权威来找回面子；要么便怀恨在心，以秋后算账的方式慢慢报复。

另外，还要注意随时随地抓紧机会表示自己对他忠心耿耿，永远站在上级这一边。以你的态度说明一个事实：我是你的好朋友，我会尽己所能支持你。不要以为上级很愚笨，如果你真的努力这样做，他看在眼里，一定会很明白你的意思，对你日渐产生好感。听到公司有什么谣言或传闻，不妨悄悄地转告上级，以示你的忠心。

不着痕迹地推行自己的意志

管理者的一个重要职责就是管理自己的下级，但是这种管理用什么样的方式实行，才能达到最好的效果，是每一个管理者需要认真思考的问题。每个人都有这样的感受，当自己年幼的时候，家长和老师管得越严格，就越要反着干，越不服管。

对于管理者来说，虽然面对的员工都是成年人，但逆反心理同样是存在的。员工才能的发挥需要一个宽松、和谐的环境，让他们身心愉快。但这并不意味着管理者就可以撒手不管，管还是要管，但要注意你的管理应该是不着痕迹的。也就是说，既起到了管理的作用，员工又没有很明显地感觉到自己被管理，这样的效果才是最好的。

老子是中国道家学派的创始人和代表人物，他主张“无为而治”。他认为人类如果能彻底地祛除邪恶，回复自己的本性，就可以实现无为而治，各种良好的社会秩序也就可以实现，万物之间就可以达到最和谐的程度。

老子的这种主张，并非让人们单纯地无所事事，什么都不干，而是指寓有形于无形之中，寓有为于无为之中，看似无为，实则有为，这才是真正的无为。

对于一个贯彻无为而治的企业管理者来说，要学会既限制下级的自由意志，又让下级感觉不明显，这样就能形成上下级之间的和谐共处，让大家在一种团结向上的氛围中自发形成勤奋工作、风雨同舟的意识，为既定的目标努力拼搏。

老子的一生，是主张“无为而治”思想的一生，他所阐述的许多有关“无为而治”的理论，对现代企业有着广泛而深远的影响。比如：“常使民无知无欲，使夫知者不敢为也。为无为，则无不治。”（《老子道德经·安民第三》）说的就是管理者可以通过“无为”来治理企业。管理者只要真正掌握了“无为”的管理艺术，就可以做好管理工作。可见，这里的“无为”是要从大局出发，不是只为一件事。

“圣人处无为之事，行不言之教。”伟大的管理者应当顺应自然规律，行无为之教，因势利导地管理企业。太多的法令和规章制度有时不仅不能让员工心悦诚服，反而有可能使员工产生逆反心理，进而做出一些过激行为。

在管理中，“无为而治”是一种领导和被领导关系的超越，它是一种管理者领导下级，却不让下级意识到被领导的方法。

管理者要做到表面上看似无所事事，好像自己不存在，但是他的话在团队中能够得到贯彻执行，这样的管理者才是最优秀的，因为，他能够让人觉得处于一种不被监视的状态而可以最大限度发挥自己的潜能。

由此可见，在管理工作中，具有这种思想的管理者，会让人觉得虽然有“上级这么一个人”，却完全没有注意到他的活动。但是管理者却可以积极地发挥领导作用，取得显著的成效，这才是最高超的管理艺术。

对上级的责备应持的态度

上级有自己的立场和原则，自然就有处理问题的方法。作为一个下级，面对上级的责备采取何种态度，用何种心理来应对，这是非常重要的，直接关系到事情处理的结果和你以后的前途。

作为上级，一般不会无理地向下级发脾气，责备下级。因此，面对上级的责备，首先要从心理上先承担下来，不要急于为自己辩解。然后，弄清楚上级责备的缘由，寻找自己的不足和失误之处。如果确属自己的失误引来上级的责备，那就及时善后和补救，使损失降到最低。如果不完全是自己的原因，那也没有关系，最好的办法是不要辩解，默默地接受，等上级气消了，他自然就会从心里感到愧疚，更会对你的承受力和大度产生感激心理，以后就会想办法补偿你。

因此，不管是什么原因，对上级的责备都应该采取理解的态度。要放宽肚量对待上级的责备。上级有自己的立场，当你执行任务失误时，即使有充分的理由，也不要对上级的责备进行辩解，只需说："对不起，我有责任。"这样，上级就会觉得他责备得有意义。

切不可在当时就为自己辩解，让上级感到你不重视，对问题认识肤浅，更让他感到你对他不尊重。同样不可在背后向同事和家人发一大堆牢骚，所谓隔墙有耳，这样的牢骚如果传到上级的耳朵里，那你在他心目中的形象，和双方好不容易建立起来的关系就很可能崩溃。

抱着理解的心来面对上级的责备，你不但从中吸取了教训，更赢得了上级的好感，让上级认为你是一个值得培养的人，从而为你提供更大的空间和舞台。

把握进言的时机和方式

大学毕业后，小东进入一家 IT 企业做系统开发，从初级技术人员做起。一段时间后，他认为自己还有能力进一步发展，于是就向主管提出了多个方案。不知什么原因，小东一直没接到任何反馈消息，他甚至怀疑主管根本没有看自己的方案。后来，小东直接找到更高一级的上级领导说了他的想法，上级领导对他的方案很感兴趣，很快就同意了。当时小东对“越级进言”有所顾忌，特意“留了一手”，他对上级领导说：“主管已经看过方案，觉得还不错，考虑到由我自己陈述会比较好，所以直接让我来找领导。”这样，主管虽然不高兴，但在上级领导面前总算还过得去，所以也没责怪小东。

职场中，有时不仅仅是一些提案、建议需要大胆进言，还有一些有才能的人，因为被自己的顶头上司妒忌而遭埋没，为了自己的前途着想，也需要想方设法大胆进言才行。此时不妨寻找一个合适的机会，直截了当地在上级领导面前展现自己的才华，得到上级领导的承认与支持。

小文在做销售工作的时候，因工作特别出色而引来其他同事的嫉妒。她的顶头上司也害怕有一天小文会取而代之，就特意规定科室人员不得随意越级汇报工作，不管什么事情，都得先向她汇报，再由她向上级领导汇报。

有一次上级领导想单独给小文安排一项工作，但她的顶头上司竟说小文有别的工作要做而阻止了。小文要想在企业有所发展，必须得到上级领导的认可才行，而她的顶头上司就像一只“虎”拦在了她和上级领导之间。

在一次安排外出培训时，因为其中安排了不少旅游项目，很多人都愿意去。但小文却主动把这个机会让给了她的顶头上司。这样，小文终于有机会可以在领导面前露一手，主持了半个月的工作，其才能得到充分发挥，备受领导赏识。之后不久，她就被调到更高的职位上去了。

当你把握了上级的心理后，你就会知道什么时候是进言的最佳时机，什么方式是进言的最好方式，话说到什么程度是上级心理可以承受的。掌握了上级的心理，自然就可以得到来自上级预期的结果。

在职场中，向上级进言是很有学问的。但是，只要你在心理上不抱偏见，本着就事论事的心理去进言，再把握好进言的尺度，那上级会非常乐意倾听你的想法的。

对上级的否定不要耿耿于怀

作为下级，常常会遇到自己的想法和提案被上级否定的情况，这其实很正常。上级自然有否定的理由，只要他是“对事不对人”，你就没有必要对上级的否定耿耿于怀。你应该在心理上虚心接受，并看做是提高自己的好机会。

对上级的否定不耿耿于怀，并不是说就无动于衷，你应该从上级的否定中去找原因，找可以完善的途径。为此，你应该首先经常向上级讨教。毕竟上级考虑问题的角度和立场是从全局出发的，更有全局观。所以，有很多值得你学习的地方。

其次，就是对自己的工作主动提出改善意见。这是最难做到的事情。如果你的上级说：“各位，我们来研究一下，工作流程是否可以改善一下?”严格说来，这样的话，不应该由你的上司来讲，而应该由你说出。所以每过一段时间，你应该想一下，工作流程有没有改善的可能?你才是你所做的工作的专才，而你的上司不是，却由他提出了改善计划，想出了改善办法的话，你应该感到羞愧。

你敢说你的工作流程已经很完善?事实上，任何一个工作流程都不是十全十美的，都有改善的可能。最糟糕的是大家都无所谓，安于现状，不对它进行改善。一个组织没有进步，这点做得不好是重要的原因。大家都不想改善，而你却做到了，你就同他人不一样，上级也会喜欢你，看重你。

总之，抱着一颗平常心来面对上级的否定是最可取的。这样，你才会发现不足，吸取教训，不断地提高自己。

◀ 第 三 篇 ▶

对下属的心理管理：中基层管理者的心理学诡计

对下属的心理管理是管理者的一个重要职责。面对形形色色的下级，管理者应该首先从了解他们的心理和性格入手，针对他们的不同心理和性格来区别对待，这样才能管理好一个由不同性格的人所组成的团队。

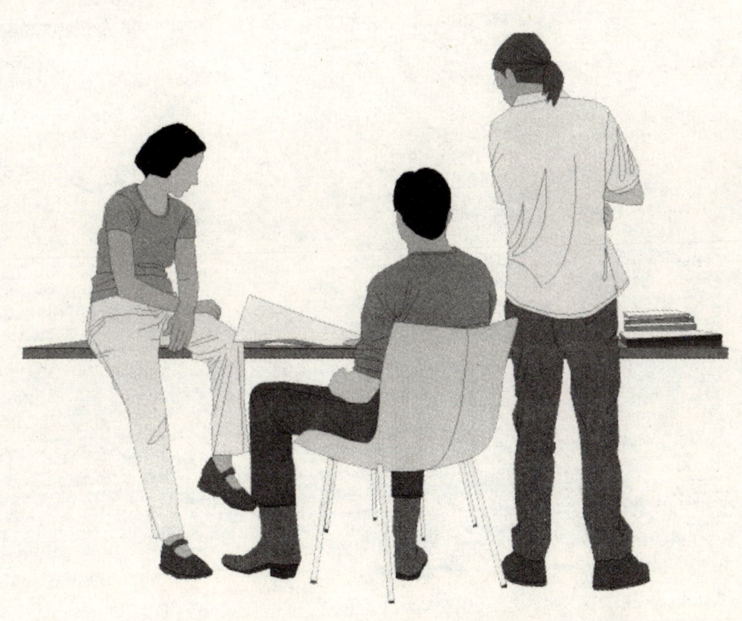

第一章　解析下属心理

要管理下级，就必须首先了解下级。而了解下级就必须从了解他们的心理和性格入手。因为，下级的行为表现出他们的心理倾向和性格特点，因此，管理者要想真正懂得下级的心理和心理需求，就必须用心去解析下级的行为，把握下级心理的活动规律，这样才能更好地管理下级。

知人善任，使人才各得其所

知人善任，就是要认真地考察员工、确切地了解员工，把每个员工都安排到适当的岗位上去，让他们充分地发挥自己的特长、施展才干。这是做好管理工作的根本任务之一。好比一部机器，有了先进的设计、合理的结构和科学易行的操作规程，还必须有高质量的操作人员。

管理者要知人，一定要心净如水，目光长远。不能一只眼睛看人，更不能戴着有色眼镜看人。要反对那种论亲疏、看资格、视顺逆选人的观点，多渠道、多层次、多视角地了解和考察人才。

管理者要真正做到“善任”，首先应该从事业的全局出发，充分考虑人才的具体特点，对他们进行分类，然后把他们放到合适的岗位上。假如不把人才用到最能发挥其作用的地方去，那对人才是一个压制，对事业是一种极大的浪费。

企业的员工一般可以分为如下几种类型：

1. **实干者。**

这种类型的员工对于社会上出现的新生事物从来不感兴趣，甚至对新生事物存在着一种本能的抗拒心理。他们对喜欢接受新生事物的人很是看不惯，常常是水火不相容。他们对自己生活的环境很是满足，并不主动去寻求什么改变，给人一种逆来顺受的感觉。因此，当上司交给他们工作任务时，他们会按上司的意图兢兢业业、踏踏实实地把事情做好。他们常常会给别人特别是领导留下一种务实可靠的印象。

这类员工有一定的组织能力，并具有较丰富的实践经验；对工作总是勤勤恳恳，吃苦耐劳，有一种老黄牛的精神；他们会发自内心地严格要求自己去对待工作，表现出很强的自我约束力等许多优点。但同时，他们往往对工作中遇到的事情缺乏灵活性，对自己心中没有把握的意见和建议不会有什么过多的兴趣，因而缺乏激情和想象力。

2. **协调者。**

这种类型的员工一般都具有沉稳的性格和比较成熟的心理机能。当他们遇到突如其来的问题时一般都表现得沉着、冷静，正如人们经常所说的“处变不停”。他们往往具有明辨是非曲直的能力；对自己把握事态发展的能力有充分的自信；处理问题时能控制自己的情绪和态度，具有较强的抑制力。在成熟心理机能的支配下，他们往往能够将上级交代的任务完成得很好，并很好地发挥协调能力，使工作取得出乎预期的成果。

这类员工，他们比较愿意虚心听取来自各方的意见和建议；他们能够做到对他人的意见不带任何偏见地兼收并蓄；他们对待事情、看问题都能站在比较公正的立场上，保持客观、公正的态度。但同时，他们也有一些比较突出的弱点，比如在一般情况下，他们智力水平表现一般，他们身上并不具备太多的创造力和想象力；他们太过注重人际关系，导致容易忽略组织目标。

3. **推进者。**

这种类型的员工，他们常常表现得思维比较敏捷，对事物具有举一反三的能力。看问题思路比较开阔，能从多方面考虑解决问题的方法。这种人往往性格比较开朗，容易与人接触，很快能适应新的环境；能利用各种资源，善于克服困难和改进工作流程；有着较好的心理调节能力。

这类员工，他们在工作中不论做什么事情，总是表现得充满活力，好像永远有使不完的劲；他们勇于向来自各方面的、保守的传统势力发出挑战；他们永远不会满足于现在所处的环境，勇于向低效率挑战；他们对自己的现状永远不能满足，并敢于向自满自足情绪发出挑战。他们一般都有着积极的心态。但同时，他们在团队中由于过于表现自己而容易激起争端，遇到事情表现得比较爱冲动，容易产生急躁情绪，心理控制能力较弱，而且往往会太注重自己而瞧不起别人。

4. **创新者。**

这种类型的员工，他们一般具有鲜明的个性，思想比较深刻，对许多问题的看法与众不同，有自己独到的见解，考虑问题不拘一格，思维比较活跃。心理机能处于永远的活跃状态。

这类员工，他们在团队中常常表现得才华横溢；由于思维活跃，而且容易突破思维的限制，他们一般都具有超出常人的非凡想象力；在他们头脑中充满了聪明和智慧；他们具有丰富而渊博的知识。由于过分追求创新的刺激，他们一般不太注重一些细节问题的处理方式。另外，他们给人们的印象总是随随便便，不拘于礼节。这种特立独行的形象，往往使别人感到与他们不好相处。

5. **信息者。**

这种类型的员工，他们性格往往比较外向，对人、对事总是充满热情，表现出很强的好奇心，与外界联系比较广泛，各方面的消息都很灵通。

这类员工，他们一般都喜爱交际，具有良好的与人联系沟通的能力；他们对新生事物比其他人显得敏感；由于很强的好奇心，因而他们的求知欲很强，并且很愿意去不断地探索新的事物；他们勇于迎接各种新的挑战。但由于太过求新，他们常常给人留下一种时过境迁、兴趣马上转移的印象；他们还会因为说话不太讲究艺术，喜欢直来直去，直言不讳而得罪人。

6. **监督者。**

这种类型的员工一般头脑比较清醒，处理问题比较理智，对人、对事表现得言行谨慎，公平客观。他们喜欢比较团队成员的行为，喜欢观察团队的各种活动过程。

这类员工，他们在工作中表现出极强的判断是非的能力；他们对事物具有极强的分辨力；他们总是讲求实际，对人对事都抱着实事求是的态度，一是一，二是二。但正因为这样，他们一般都比较缺乏对团队中其他成员的鼓动力、煽动力；他们还缺乏激发团队中其他成员活力的能力。

7. **凝聚者。**

这种类型的员工，他们比较擅长日常生活中的人际交往，能与人保持亲善友好的关系，为人处世都比较温和，对人、对事都表现得比较敏感。

这类员工，他们对周围环境和人群具有极快的适应能力；具有以团队为导向的倾向，能够促进团队成员之间的相互合作。但他们常常在危急时刻表现得优柔寡断，不能当机立断。

8. **完善者。**

这种类型的员工，他们做事情很勤奋努力，并且很有秩序；为人处世都很认真，对待事情力求完美。

这类员工，他们做事总是持之以恒，而决不会半途而废；他们在工作中表现得很勤劳；他们对工作认认真真，一丝不苟，是一个理想主义者，追求尽善尽美。但往往因为他们在工作中过于追求完美，而处理问题时过于注重细节问题，所以，为人处世显得不够洒脱，没有风度。

每个人的长处和才能各属特定类型，不同类型的人才应该与不同的工作性质相适应。

工作对人的要求不同，才能与职务应该相称。给予他的职务应最能刺激他发挥自己的优势。职务以其所能和工作所需结合而授，叫“职以能授”，这样，既不勉为其难，也不使之无所事事。扬其所能，其工作自然积极，管理效能也必然提高。

卡耐基根据多年的经验总结出：不同工作职位有不同要求，不同的人才适合从事不同的工作。有人既能统观全局，又善于协调指挥，善于识人用人，组织才干出众，雄才大略，是一个帅才，就应放在决策中心做领导工作；有人思想活跃，兴趣广泛，知识面宽，既有综合分析能力，又敢议事直言不讳，有求实精神，无利俗杂念，这是优秀的反馈人才，应选为智囊；有人忠实坚定，耿直公正，身正行端，平易近人，让他们从事监督工作，定能做出第一流的成绩；还有的人对领导意图可心领神会，对领导的指示能忠实执行，既埋头苦干，又任劳任怨，实在是难得的执行人才，让他担任办公室主任、秘书，一定能把工作做好。各种人才应该分别对待，各得其位。

现代管理者必须善于区别不同人的不同才能，学会按人分类，让他们在最合适的岗位上发挥作用。当然，管理者识人应该做到公平公正，不夹杂私人感情，不抱有私心，才能真正做到知人善任。

把员工当做企业的内部顾客

按照马斯洛的塔式需求结构理论，人除了生理需求外，更重要的是心理需求。生理需求比较容易发现和满足，而心理需求更容易被人们所忽视。

作为一个管理者，在满足员工的薪酬待遇的需求后，更应该用心了解员工的心理需求。因为，心理需求更容易影响一个员工的工作效率。

管理者要充分了解和把握员工的需求，就要站在员工的角度来体验员工，考虑他们的需求，了解他们所处的环境和他们的真正感受。还要运用内部营销的方法和技术，即把员工当做企业的内部顾客，运用营销调研技术，如一对一访谈、问卷调查、圆桌会议、实地观察等技术去了解员工的动机、情绪、信仰、价值观、潜在的恐惧和反抗等，以此准确了解和把握员工的情感、需求和欲望。同时，加强与员工的交流与沟通。建立内部正式和非正式的互动式的沟通和反馈渠道，通过情感沟通，了解不同员工的不同需求，也了解不同时期的需求重点。还可以通过对员工的家庭与亲戚朋友、企业顾客、供应商、离职员工的调查和访谈，来从外部间接了解员工的真实情况。

沃尔玛公司十分关心自己的员工，公司里几乎所有的干部都用上了镌有“我们关心我们的员工”字样的包纽扣。他们把员工称为

"合伙人"，并注意倾听员工的意见。萨姆·沃尔顿曾对干部们说："关键在于深入商店，听一听各个合伙人要讲的是什么。那些最妙的主意都是店员和伙计们想出来的。"

萨姆·沃尔顿认为，在沃尔玛公司，干部必须以诚恳和亲切的态度对待自己的员工，必须了解员工的为人、他们的家庭、他们的困难和他们的希望，必须尊重和赞赏他们，表现出对他们的关心，这样才能帮助他们成长和发展。萨姆·沃尔顿会经常突然驾临本公司的商店，询问一下基层的员工"你在想些什么"或"你最关心什么"等问题，通过与员工们聊天，了解他们的困难和需要。

1981 年，美国马萨诸塞州巴莫尔的戴蒙德国际纸板箱厂，因市场萎缩，工人都为前途担忧。65% 的员工感到管理层对员工不尊重，56% 的员工对工作感到悲观，79% 的员工认为他们没有得到因出色工作而该有的报偿。为此，管理层推出"100 分俱乐部"计划，即无论哪位员工，全年工作绩效高于平均水平的，则可得到相应分数，如安全无事故 20 分，全勤 25 分等，每年结算一次，并将结果送到每位员工家里。如分数达到 100 分，便可获一件印有公司标志和"100分俱乐部"臂章的浅蓝色的夹克衫。

到 1983 年，工厂生产率提高了 16.5%，质量差错率下降了 40%，员工不满意见减少了 72%，由于工业事故而损失的时间减少了 43.7%，工厂每年多创收 100 万美元利润。

1983 年底评议时，86% 的员工认为管理层对员工很重视，81% 的员工感到自己的工作得到了承认，79% 的员工认为自己的工作与组织成果关系更密切了。

这个事例充分说明，对员工心理的满足更为重要，也更能调动他们的工作积极性。

一个人的心理需求是其动力的最大来源，人们更注重来自心理的满足，得到被尊重、被信任和被重视的心里感觉。这种心理需求很容易产生，也很容易满足，但应该在第一时间发现，并采取措施来满足它，就会产生很强的动力。否则，一旦这种心理需求变成一种心理压力，那再满足也就达不到预期的效果，反而容易适得其反。

建立员工个性资料库

现代人都渴望获得尊重。而要真正做到尊重他人，就要首先了解他人的个性。作为管理者，就应该用心了解员工的个性，并尊重员工的个性，才能真正和员工达到互动和交流，达到更好管理的目的。

尊重指的是要做到人与人相处时不必说出的五点要求：纯粹倾听，不带批评；接纳差异，不做指责；肯定别人独特的品格；多往好的方向去看；以关怀之心告诉别人你的真正想法。

一个管理者若能够做到这五点要求，便会觉得受到了尊重，也尊重了员工，使员工觉得得到了关怀。所以，管理者应该多问问自己："我是个尊重员工，能激励人心的领导人吗？我在工作场所中，是否不问别人的职务和阶级，都给予同等的尊重呢？"一般人在工作场所觉得得到了较大的尊重和重视，做起事来不只是真心，还会

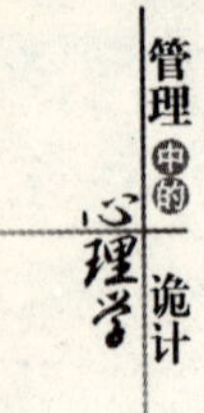

用脑。

企业一般建有员工资料库，收录了有关工作的资料——教育、训练、经历等。但其实更应该建一个个性资料库，收录员工个人个性的其他趣味资讯。比如，员工的特殊嗜好，特殊兴趣，外语能力，喜欢的书籍、电影或音乐类型等等。

员工个性资料库是内部交谊的极佳参考资料。根据这些资料，可以在内部成立一些非正式的组织，就共同的嗜好、兴趣互相切磋、学习，比如组织旅游团、合唱团、乐团等。这样，大家在工作或生活中有问题时，便找得到人协助，企业也能借此发掘出以前所不知道的资源。不过，最重要的是，这样员工觉得被当做完整的人来看待，而不只是“工作人口”。

员工的工作热情来源于兴趣

就如同了解员工的个性一样，员工的兴趣对管理者来说，也同样是必须用心来发现和了解的。

人生的成功是和个人兴趣紧密相连的，做自己真正感兴趣的事情才会离成功更近。从心理学角度讲，兴趣是人的需要的心理表现，它使人对于某些事物优先给予注意，并带有积极的感情色彩。兴趣起源于个体的需要，在社会实践中形成，这种内在的个体心理倾向可以在人的心理和行为中发挥积极作用，使你长期专注于某一方向，做出艰苦的努力，取得令人瞩目的成绩。

人的兴趣都是以需要为前提和基础的。需要有直接与间接之分，兴趣也因此有直接兴趣与间接兴趣，他们的不同只在于是否对实践本身感兴趣。根据马斯洛的需求层次理论，当人们的生理需要或物质需要得到满足时，便会追求更高层次的精神满足，因此兴趣作为需要的延伸便表现为高层次的需要满足。在企业中，员工在工作中更倾向于拓展自己的兴趣，发挥所长，在工作的同时实现自我价值、个人成就感、受重视等目标。

管理者会发现当对工作的期望远远超过满足生存需求时，工作就自然转变为实现自我价值的阶梯和幸福的心理源泉。

美国曾对两千多位著名的科学家进行调查，发现很少有人是由于谋生的目的而工作，他们大多出于个人对某一领域问题的强烈兴趣而孜孜以求，不计名利报酬，忘我地工作，他们的成功是与他们的兴趣相联系着的。

缅因州的汤姆斯公司（天然牙膏制造商）鼓励员工拿出5%的带薪时间去做志愿服务和感兴趣的工作设计。结果公司的业绩非但没有因为工作时间的减少而衰退，反而有不断的创新成果出现。

苹果公司在其创业初期，员工们每周的工作时间不止80小时或90小时，这种狂热的工作情绪不是出于公司的某项强制性规定，反而来源于工作本身的乐趣与挑战性，员工们为改变人们对个人电脑的看法这一理想而不断奋斗。

不难看出，员工之所以在工作中达到忘我的境界，品尝着“痛并快乐着”的幸福，是因为工作本身在很大程度上激发了员工的内在潜能，而将这种潜能、幸福感与工作相连的一个最重要的因素就是兴趣。

兴趣作为个体的典型心理倾向，在很大程度上决定着员工的行为和努力程度，影响着员工是否能在工作中感到幸福和满意。作为心智的重要组成部分，兴趣还决定着管理层的激励手段尤其是精神层面的引导、激发和鼓励是否有效。如何才能通过有效的管理激发员工的兴趣，成为管理层和学术界正在探索的课题。

作为管理者，只有真正用心发现员工的兴趣所在，了解他们的心理倾向，才能真正激发员工的工作热情和激情。

员工的情绪管理——人事管理的盲点

员工作为企业最有活力和创造力的一部分，理应得到更多的关注和爱护。作为上级，不是简单、机械地管理员工，而应该深入他们的内心，寻找取得心理共通的因素，这样管理的效果才能更好。

平心而论，员工同企业领导一样有血有肉有情感，有个人的期望与企盼。员工在企业工作，一方面是自身生存和养家糊口的需要；另一方面则希望能够得到企业更多的关注和培养，使自己获得能够充分体现自身价值的更大的发展空间，包括精神上的鼓励和情感上的满足。但在实际工作中，往往由于我们工作的粗糙、方法的简单、自身的情绪波动和愈来愈明显的“代沟”等原因而忽视了员工的要求，以致员工只能带着压抑的情绪工作，这就必然会伤害员工的情感，甚至使少数员工产生消极或抵触情绪，进而带来潜在的危机。

但许多管理者往往很容易忽略这一点，他们总是抱着员工来工作就应该有工作的态度的信条，不关心或者很少关心员工情绪的波动，甚至压制员工情绪的外露，但这种做法却总是适得其反。员工是一个正常人，他的正常情感反应必然会影响到工作时的表现。显然，管理者忽视这一点，甚至采取压制的手段都不是明智之举。

许多因素都会导致员工情绪的波动，比如，企业的发展前景、领导的信息暗示、同事之间的人际关系、工作进行的顺利与否、同一阶层员工的升迁状况、安定程度、薪金差别、工作受挫、人员调动、劳资冲突、岗位危机，甚至于个人家庭生活问题、父母身体状况等等，都会造成企业员工的情绪波动，从而给企业带来潜在的危害。一般来说，处于情绪低潮的员工的工作效率会大大下降，暴躁的情绪还会造成企业员工的内耗（抵触情绪的孳生，导致工作效率降低），情绪问题严重的话，可能造成企业大面积的不必要的人才流失。

那么，作为一个管理者，面对一群情绪不稳定的员工，首先应该要做的是用心来安抚他们，从他们的立场出发，从他们的心理状态入手，有针对性地做好安抚工作。

但很遗憾的是，员工情绪管理是企业人事管理的一个盲点。国内很多企业的人事经理们还没有将员工情绪管理纳入到企业人力资源管理的范畴之内。

我们通常喋喋不休的讨论总是围绕企业的人才的筛选机制、人才的激励机制、人才的福利留任机制等进行，习惯于考虑如何得到优秀的人才，如何让优秀的人才在利益的驱使下高效地工作，如何在企业福利及文化上吸引好的人才（在某种程度上的自我满足），并在企业中留下来……

我们将人才假设为一种没有情感的资源来考虑利用，因此常常缺乏最起码的人文关怀。

这确实是企业人力资源管理上的一个盲区。因此，现代管理人性化的新要求向我们提出了“情绪管理”的新课题。员工是企业的根本，我们的企业能有今天的兴旺，靠的是全体员工多年来共同的艰苦奋斗。企业要做强做优，实现新一轮的发展目标，更要坚持以人为本，真心实意地依靠全体员工埋头苦干，扎实工作。因此，我们在任何时候、任何情况下，都必须善待长期以来与企业同甘共苦、唇齿相依的每位员工。

基于这样的要求，我们应该对以往的工作进行深刻的反思，从中找出缺陷，认真加以弥补。从现在开始. 我们一定要在把握企业总体方向的同时，多花一点精力对员工的情绪进行细致的分析研究，认真做好理顺员工情绪这篇大文章。作为企业的领导者，要更多地倾听加强员工“情绪管理”的具体建议和意见，通过干群的共同努力，与员工建立更加亲密融洽的关系，把尊重员工、理解员工、关心员工的各项举措一一落到实处，既注重解决员工的思想问题，又积极帮助员工解决实际问题，让员工共享企业改革和发展的成果。同时，要引导员工正确处理个人利益和集体利益、局部利益和整体利益、眼前利益和长远利益的关系，不断地为企业快速、持续、健康、和谐的发展增创后劲。企业的工会、共青团组织以及人事部门要深入研究“情绪管理”这个新课题，把“情绪管理”具体化、制度化、经常化，使企业的各项工作在严格执行规章制度的前提下更富人情味，更具时代性。

耿直的员工考验领导的肚量

有一类员工，他们性格耿直，往往被人称做“硬汉”，也就是那种很有原则、不轻易接受失败的人。这种人个性很强，有自己独立的见解，性格直爽坦诚，说话从不拐弯抹角。

因为性格耿直，所以他们一般不受领导喜欢，因为他们爱当面提意见，并且毫不含蓄，批评领导也不避讳，常使领导感到难堪。

这种人头脑清晰，思维敏捷，遇事果断。他们从不会被困难吓倒，往往具有“明知山有虎，偏向虎山行”的精神，坚信人能征服一切艰难险阻。他们不会因一时的挫折而情绪低落、一蹶不振，相信乌云之后必是晴天。

这种人优点很多，但在公司内的日子并不好过，那些懒散职员憎恨他，那些无才无学的人妒忌他，那些阿谀奉承上司的人疏远他……遇到英明的领导还好，若遇到专制昏庸的领导还会给他们穿小鞋，使他们没有用武之地。

所以，英明的领导不但要用这种人才，还应栽培改造他们，给他们一些私人辅导，使他们在待人接物、处理人际关系时掌握一定的技巧。

有许多英明的领导，在选择自己的接班人时，往往把目标对准这种“硬汉”。领导无论年轻年老，总有退位的那一天，如何选择、安排接班人，是判断一名领导人成功还是失败的标志。

对于那些有才有识但性格耿直的“硬汉”，成功的领导是绝不会计较他们的直言不讳的，因为这种员工的才识，才是他最器重的，千军易得，一将难求。作为领导，一定要善待那些有才但也有缺点的人，这对事业的发展非常有用。

一个聪明的管理者是不会拒绝这样的员工的，相反还会积极接受这样的员工。但不可否认的是，由于这类员工的性格耿直，容易给管理者带来不必要的麻烦和困扰，也容易和周围的人产生矛盾和摩擦。因此，管理者需要更耐心地对待和管理他们。管理者应该首先用心了解他们的内心，掌握他们的心理活动规律，在遇到问题时，多从他们的性格入手来了解问题的原因，这样就能更好地利用他们的这种性格，引导他们开发自己的潜能，并尽可能地避免摩擦。

对性格孤僻的员工不轻言放弃

无论在什么企业，都会有性格孤僻的员工存在。员工的性格孤僻，不是一天二天才产生的，是由很多原因引起的，有生活上的原因，有工作上的原因。这些员工虽然在大多数情况下还不属于争端的制造者，因为他们通常习惯单独行动，并且不屑于与一些凡夫俗子共同谋事，但是他们冷僻的性格，或是偶尔犀利的言语常常会在群体内带来一些消极的影响。

作为管理者，你不必强迫自己帮助他们改变什么，但是你完全有理由像关心其他员工一样关心他们。一旦他们从心底接受了你，那么尴尬的局面必然会得到控制，你的能力和领袖形象也会稳步攀升。

有一位心理学家曾说过：“人类得到情感上的满足有四个来源：恋爱、家庭、朋友和社会。一个人的孤独程度，取决于他同这四个方面的关系如何。”一般地讲，性格孤僻的人因为处理不好上述四种关系，必然缺乏友谊，缺乏温情体验。而且，由于他疑心很重，干任何事情都担心别人议论，因而总是忐忑不安。

因此，对待性情孤僻的员工，首先必须深入了解这种人的心理特点，然后再有针对性地对他们进行管理。

首先，不要冷落他，要施以温暖。管理这类员工最有效的策略是给其增添人世间的温暖和体贴。可以在学习、工作、生活的细节上多为对方做一些实实在在的事，尤其是在他遇到了自身难以克服的困难时，友谊的温暖便会消融他心中冰霜的屏障。在任何情况下都不要流露出对他们的表现漠不关心的态度，你要像对待其他的员工一样来对待他们，这就需要你的宽宏大度了。

其次，性格孤僻的员工一般不爱讲话，对此，关键是选好话题主动交谈。一般而言，只要谈话内容触到了他的兴奋点，他是会开口的。但你也得注意，性格孤僻的人喜欢抓住谈话中的细枝末节胡乱猜疑，一句非常普通的话有时也会使其恼怒，并久久铭刻在心以致产生深深的心理隔阂。因此，谈话时要特别留神，措词、造句都要仔细斟酌。

再次，从这类员工的心理特点来说，他们有自己的生活方式，不希望被别人打扰。如果你为了能和他接触，而整日耐着性子，装出一副热情有加的样子和他称兄道弟，保证不会得到什么好的结果。尤其是当他感觉到你是为了某种目的而想和他“套近乎”时，他们一定会从心里认为你是一个十分虚伪的人。其实，只要和他们保持一般的工作上的接触就可以了，对他进行帮助应该是在他遇到某种困难的时候。

另外，保持耐心很重要。对性格孤僻的人进行管理，有时很容易遭到对方的冷遇，如果遇到这种情况一定要有耐心。“日久知人心”，“事实胜于雄辩”，只有到了他们能够完全信任你的时候，你的说话才会有分量，你的管理行为也就具备了威信。

最后，要投其所好，直攻其心。这类寂寞的人群总有他们独特的方式来享受这独处的时光。仔细观察，看看脾气古怪的员工，是以什么方式打发时间的，以此作为突破口，打开彼此间的僵局。

作为管理者来说，尊重他们的选择是创造彼此间良好交往氛围的前提条件。对每一个员工，你都有义务去关心和爱护他们，不要轻言放弃，只要努力，你会得到他们的认同的！

勇敢提拔自己不喜欢的人

美国IBM公司的总裁小沃森用人的特点是“用人才不用奴才”。

有一天，一位中年人闯进小沃森的办公室，大声嚷嚷道：“我还有什么盼头！销售总经理的差事丢了，现在干着因人设事的闲差，有什么意思?”

这个人叫伯肯斯托克，是IBM公司“未来需求部”的负责人，他是刚刚去世不久的IBM公司第二把手柯克的好友。由于柯克与小沃森是对头，所以伯肯斯托克认为，柯克一死，小沃森定会收拾他。于是决定破罐破摔，打算辞职。

沃森父子以脾气暴躁而闻名，但面对故意找茬的伯肯斯托克，小沃森并没有发火，他了解他的心理。小沃森觉得，伯肯斯托克是个难得的人才，甚至比刚去世的柯克还精明。虽说此人是已故对手的下属，性格又桀骜不驯，但为了公司的前途，小沃森决定尽力挽留他。

小沃森对伯肯斯托克说：“如果你真行，那么，不仅在柯克手下得心应手，在我、我父亲手下也能成功。如果你认为我不公平，那你就走，否则，你应该留下，因为这里有许多机遇。”

后来的事实证明留下伯肯斯托克是极其正确的，因为在促成IBM做计算机生意方面，伯肯斯托克的贡献最大。当小沃森极力劝说老沃森及IBM其他高级负责人尽快投入计算机行业时，公司总部响应者很少，而伯肯斯托克却全力支持他。正是由于他们俩的携手努力，才使IBM免于灭顶之灾，并走上了更辉煌的成功之路。

后来，小沃森在他的回忆录中，说了这样一句话："在柯克死后挽留伯肯斯托克，是我有史以来所采取的最出色的行动之一。"

小沃森不仅挽留了伯肯斯托克，而且提拔了一批桀骜不驯但有真才实学的人。他说："我总是毫不犹豫地提拔我不喜欢的人，尽管他们看起来是那么的桀骜不驯。那种讨人喜欢的助手，喜欢与领导一道外出钓鱼的人，则是管理中的陷阱。而我总是寻找精明能干、爱挑毛病、语言尖刻、几乎令人生厌的人，他们能对我推心置腹。如果一个领导者能把这些人安排在他周围工作，耐心听取他们的意见，那么，他能取得的成就将是无限的。"

解读"老黄牛"式下属的心理

在一个企业中，既需要那些很有创意的员工，同样也需要那些"老黄牛"式的下属，所有人配合才能共同把工作做好。所谓"老黄牛"式的下属，往往是那些勤勤恳恳、踏踏实实、不事张扬的下级。虽然这样的下级可能上级并未太注意，他们可能也没有太突出的业绩，但企业同样离不开他们。因此，作为管理者不能因为他们的低调，就理所当然地忽略他们的成绩和存在。而应该一视同仁，像对待那些为企业做出突出贡献的下级一样来用心对待他们。

对于管理者来说，平时的工作常像赶场似的忙忙乱乱，那些不事张扬的员工，平时干的好事和成绩未必都能得到及时的表扬。“老黄牛”式的下级虽然平时一声不吭，但他们的心里同样有问题，有对上级的看法，有对企业发展的建议等等，平时这些问题不可能充分展开，大多数是上级占尽上风。但管理者非常有必要抽出时间，听听他们对心中块垒的宣泄。有时只须带着耳朵，耐心听完他的叙述，甚至不必做出什么回答，对方的不平心理就已经得到舒展。

相对来说，“老黄牛”式的下级不是没有需求，只是他们很容易得到心理满足而已。因此，作为管理者只需要把“饼”画得清楚就行了。也许并不需要对这类员工进行特别的动员和嘉奖，只需要对企业的未来有一个长远、清晰的规划，就可以拴住他们的心，就可以激励他们为企业继续任劳任怨。

“老黄牛”式的员工即使职务对自己并不合适，他们也会抱着是上级安排的，就应该努力干好的心理，而不会主动向上级提出来。这时就需要管理者用心观察他们的工作情况，你如果发现他目前的职务对他并不合适，有时不妨直接告诉他。

对“老黄牛”式的下级来说，对他们要讲理，更要顾情。企业的很多限制使员工未必能尽展其才，这要求管理者能感悟下级的情绪，让下级心理不平衡时也能说出来。

因此，对于管理者来说，针对“老黄牛”式的下级，要用心解读他们的心理，才能抓住他们的心理，从而更好地管理他们。

揣摩死板员工的心理

上级的真实意图需要用心揣摩，死板员工的心理同样需要用心去揣摩。因为他们不会明确地说出自己的想法，甚至根本就不会说。

管理中常常会碰到一些“死板”的员工，他们往往是我行我素，对人冷若冰霜。尽管你客客气气地与他寒暄、打招呼，他也总是爱理不理，不会做出你所期待的反应。为了更好地管理这类员工，你不妨从了解这类员工的性格特点开始。

死板员工天生缺乏创意，喜欢模仿他人，做人、处世的方法和语言都按照成规，既没有自己的主见，也没有自己的风格。没有现成的规矩，他就不知该如何行事。这种人往往没有突破性的发现，对新事物、新观点接受得较慢。这种人在实际情况发生变化时，不知道灵活运用，只是搬出老皇历，寻找依据。这种人不知随机应变，因此，他们难以应对新事物、新情况。这种人缺乏远见，也没有多少潜力可挖，他的发展水平存在一个局限，一生中也难以超越这个局限。因此，对这种人不宜委以重任。

但他们同样也有优点。比如他们做事认真负责，易于管理，虽没有什么创见，但他们一般不会发生原则性的错误。一般的事情交给他们去办，他们能够按照上级的指示和意图进行处理，往往还能把事情做得令上级十分满意，难以挑剔。

理解了死板员工的心理和特点，就可以有针对性地进行管理。

死板的员工的确让人感到难以接近，这从他的性格特点就可以看出来。但由于工作的需要，我们往往又不得不对他们加以管理，那么，在这种情况下，为了维护自己的自尊心，要不要也采取一种相应的冷淡态度呢？

从形式上看，似乎他怎样对我，我当然可以以同样的方式去对待他，但是，这种想法对管理者是不恰当的。这种员工，他们的这种死板并不是由于对你有意见而故意这样做。实际上这往往是他们本身的性格使然，尽管你主观上认为他们的做法使你的自尊心受到伤害，但这绝非是他们的本意。因此，你完全没有必要去计较它，更不要以自己的主观感受来判断对方的心态，以至于做出一种冷淡的反应。这样，常常会把事情弄坏。

你不仅不能冷淡他们，反而应该多花些工夫，仔细观察，注意他们的一举一动，从他们的言行中，寻找他们真正关心的事情。一旦你触及到他们所关心的话题，对方很可能马上会一扫往常那种死板的表情，而表现出相当大的热情。

要管理好死板的员工，更多的是要有耐心、要循序渐进。所谓死板的人，总是希望维护好自己的内心平衡，不愿意遇到麻烦事。如果你能够设身处地地为他们着想，维护其利益，逐渐使对方去接受一些新的事情，从而改变和调整他们的心态，那么，他们可能对你心存感激，这样，不但可以使他们改掉死板的毛病，也为你对他们的有效管理添上了一份力量。

另外，工作分配也是一个不容忽视的部分。一般而言，管理者可以试着把一些常规的琐事委任于这类人，他们通常都能按照上级的指示，模仿上级的做事风格，搬用上级的做事方法，把事情完成得非常符合要求，因而也就能令上级放心和满意。这也不失为管理他们的一种方式。

第二章 有令必行的艺术

当中基层管理者向下级推行某项任务时，如何才能让下级不出现逆反心理，拿管理者的话当回事，严格按照自己的意愿有条不紊地去执行，实是一门大学问。这门学问的关键是管理者必须洞悉下级的心理，知道员工对于上级命令的心理反应，从而有针对性地去避开他们的逆反心理，迎合他们的情趣，确保有令必行。

狐假虎威——活用上级的权威

管理者要保证自己的命令能够得到执行，首先得在下属中树立威信，让下属在心理上有必要的压力，对自己的命令不敢漠视、随意篡改甚至违抗。然而，对于资历不深或者新上任的管理者来说，要使下属对自己敬畏有加、凡事就范，并不是一件容易的事情。

心理学上认为，大多数人对于新来的上司都有一种试探心理和抵触心理，不会悦纳，对其吩咐的事情也有敷衍倾向。很显然，这会影响到工作的顺利实施和有序进行。

这时候，作为一个新的管理者，就要讲究一些策略了。而活用上级的权威去推行命令，在心理上给下属一个恫吓，则不啻为一个有效的手段。从下面的故事中我们可以学到一些门道：

在茂密的森林里，老虎是最凶猛的野兽，号称森林之王。它每天都要捕捉并吃掉其他动物。一天，它碰到了一只狐狸，狐狸刚要溜走，已被它一把捉住。狡猾的狐狸看见自己无法逃脱，就要了一个花招。它一本正经地斥责老虎说："你怎么敢吃我？我是天帝任命来管理所有的野兽的，你要吃了我，就是违抗天帝的命。"老虎一听愣住了。狐狸马上接着说："你要是不信，就跟在我后面走一趟，看看是不是所有的野兽见了我都赶快逃命。"老虎听狐狸说话的口气很大，态度也很强硬，有几分相信了，决定跟着狐狸去看看。

森林里大大小小的野兽们，看见狐狸大摇大摆，耀武扬威地走过来，后面跟着一只张牙舞爪的大老虎，都吓得要命，四处奔逃。老虎看着，不知道野兽们怕的是自己，以为真是被狐狸的威风吓跑的，彻底相信了狐狸的话。它怕狐狸怪罪自己，做出什么对自己不利的举动，于是也慌忙逃走了。

狐狸的计策是得逞了，保住了自己的性命，可是它的威势完全是因为假借老虎，才能凭着一时有利的形势去威胁群兽。而那可怜的老虎被人愚弄了，还不自知呢！这既是一场智慧和勇气的胜利，也是一次心理战的凯旋。

这就是成语"狐假虎威"的由来。其实，在下达命令时，管理者也可以"狐假虎威"，利用上级的权威去执行命令，达到给下属心理压力的目的。这一方面可以树立自己的威信，另一方面也附带地维护了上级的权威，让其没有被架空的感觉。一举两得，何乐而不为呢？

当然，在利用上级的权威去执行命令的时候，也要有个度，要“活用”而不是“死守”这条原则。因为长时间利用上级的权威去执行决策，会削弱自己的威信，在下属的眼中自己不过是一个“传声筒”的角色，从而引起下属的轻视心理。

另一方面，总是利用上级的权威去执行命令也会让上级对你产生不满，他会觉得你缺乏魄力，把责任都推给了他。因此，中间管理者也不要轻易运用上级的权威，不要总是说，这是上级讲的。这是上级的要求，上级的意思；应该要说，这是经过决策层次或管理层次召开会议决定的，依实际的情况，需要这样做。

心理学上有一个定则，就是当一方的群体成员越多、意见越坚决的时候，另一方越有可能屈服，产生遵从心理，双方的心理承受度与其成员规模和意见坚决度成正比。所以，我们不妨把上级的圈子扩大，让下属从心理上对上级的畏惧感增强。同时，管理者平日要常常对属下说，这是上级对员工们的关怀，这是上级所说的道德理念，这是上级说的公司理念，这是上级的经营哲学，这是上级对员工们的勉励，这是上级希望完成的社会责任等，如果能够这样做，便会将上级巩固成这个机构的领导中心，是精神的、方向的，不是权威的、高压的。大棒加怀柔是一个相当不错的心理战策略。

总之，长时间死守“狐假虎威”之道会上下不讨好，给别人也给自己造成心理阴影，并非明智之举。正确的做法是，中级管理者要因时、因地，在充分权衡利弊之后再活用上级的权威。

先以情感人，后以理服人

在劝服别人的过程中，西方人士的习惯是“你讲道理，我也讲道理”。中国人则有自己独特的民族心理特征，需要由情才能入理，没有这个“情”就无法谈得通。所谓“通情达理”，就是要先通情，尔后达理。然而，很多人却因为缺乏这个“情”，单刀直入地讲理，最后没有好结果。

因为对中国人来说，“讲道理”这种方式很难被人接受，它会让对方产生这样一种心理：这明显是对我不尊重，不给我面子嘛，我就不听，你又能怎么着！所以，你讲的越有道理，听的人就越没有面子，从而也就无法达到沟通的效果。

中国有一句古话：“良药苦口，忠言逆耳。”如果不先通情即直接达理，不管话语本身多么接近真理，也容易引起人的逆反心理，产生不悦和反感。所以，在下达任务或督促执行的过程中，要讲究一定的心理攻略：管理者的语言不仅要正确、深刻，而且还要富有感染力，这样的交谈能纠正下属的错误，激励他们的上进心；干涩粗暴的语言往往会破坏下属的情绪，导致命令难以执行。

张梁是某文化传播公司的部门主任，该公司规定员工每周必须写一个工作汇报。有一次，张梁发现员工小陈交上来的工作汇报只有敷衍了事的二三行，于是随手在他的本子上写道：请认真写，每次务必写满一页！下周一上班时，张梁打开小陈的本子一看，不由得啼笑皆非，只见上面写着：请原谅，我不会写。并且用了特大号的字体，把这一句话撑满了一页纸。

“这家伙!”张梁叹了口气，心里想：我该如何改变他呢?

张梁以前修过心理学，对人的心理具有独到的洞察力。于是，他对小陈做了个分析：小陈属于“胆汁质”型的下属。他聪明机灵，但脾气倔强任性，有了错误听不得批评。这不，由于张梁前面的方法过于简单，直接给他一个硬性的道理，引发了小陈的抵触和逆反心理。既然事情已经发生了，怎样减轻和消除小陈的不良情绪呢?中午时分，张梁把小陈叫进了办公室，给他沏了一杯茶，亲切地同他谈心，后来就转到工作报告的问题上了。小陈也直言不讳地说了许多心里话。张梁了解到，由于小陈工作紧张从而产生了心理压力，于是好生安慰。最后，张梁又晓之以理，说明了写工作报告的重要性，小陈的抵触心理最终得到了解除，在当天就认真地写好了上周的工作报告，交到了张梁的案头上。

张梁回想两次教育过程，前一次，张梁给他下了“死命令”：务必写满一页!有居高临下和强迫之意，下属抵触情绪顿生。后一次，张梁改以“未成曲调先有情”的方式，先通情后达理，情理相融，终于取得了良好的沟通效果。

俗话说：情不通，则理难达。实践证明：未成曲调先有情，以情开路，情理结合，不失为推行命令和做思想工作的一个好方法。

在广告心理学中，有一种基本的说服理论——为了达到说服受众的目的，文案主要采取两种方式：一是以情动人，一是以理服人。在产品同质化严重的今天，商品的个性化越来越小，以“理”服人的策略运用得越来越少，而以情感人的策略运用得越来越多，并且二者的结合度越来越高。其实，这种心理说服理论对于人际关系尤其是职场中管理者和下属的关系同样适用。

对下属管理时，以理服人有赖于切合下属的实际行动和后果利害进行深入浅出的说理分析，管理者要善于把握下属的心理，使下属分清是非、轻重和利弊，自觉地规范自己的行为并执行你的命令。

记住，每个下属都有他的心理盲点，当你“通情”的策略恰好找准他的情感之需的时候，你就成功了，你所下达的任务必将得到有力的执行，而不再是被搁浅。

引而不发，众“智”成城

孟子曰：“君子引而不发，跃如也。”（《孟子·尽心章句上》）这句话的意思是说，君子张满弓，却不放箭，作出跃跃欲试的样子。也就是说，引而不发就能掌握主动。而关键点就是“引”字，若不引，事态只能任其自生自灭，无法按照自己的意愿去做，既要引得好，还要引得巧，引到最高明处就是“不发”。一个引的架势就使得局面按照自己的想法去变化，这个策略有两点非常巧妙，一是自己不用投入重大资源，无负重之累；二是事态若败也不会引火上身，无安全之忧。

“引而不发”，“拉满弓未必真放箭”，非常适用于管理者推行自己的指令。在复杂的心理对攻中，让下属吃不准你的想法，认为你高深莫测，从而产生敬畏之情，而你在下属的敬畏中也取得了心理优势，掌握了主动权。

引而不发是一种很高明的谋略，体现出管理者的运筹帷幄的能力，需要很高的驾驭水平。在实际的操作中，有的管理者洞悉下属的心理，深谙此道。在推行某个方案时，就常常运用“引而不发”的技巧，轻而易举地取得心理优势。虽然他们有了完整且完善的方案，但放在自己的心里不说，而问计于下属，当认真听取下属陈述完解决问题的方案后，会根据下属的方案与自己方案的差异程度采取不同的处理方法。

当下属拿出的方案和自己的方案一致时，他们会以欣赏的心态和语气说：“好！这主意好！就照你的意见办。”如此一来，管理者就在表扬下属的过程中“轻松”完成了自己的决策。而下属在得到管理者的欣赏和肯定后，心理上会产生一种成就感、自豪感，认为自己不仅是直接的操作者，而且也是设计者，从而激发自己的潜力，全力以赴地、创造性地执行决策方案。这是有深刻的心理动因的，行为心理学认为：当一个人在干自己愿意干的事情时，思维肯定是积极的，思维的方向会全部指向成功，集中于成功。下属在此种状态下执行任务，其结果肯定是出色的。

当管理者发现下属的方案和自己的方案虽不完全一致，但重叠的部分很多，有一些不妥之处的时候，他们会鼓励下属：“你的意见很好，照此做就行了，但有一点需要注意……”于是管理者就把自己的意见以商讨的口气提出来，下属就会很容易理解，并且在心理上产生认同感，感觉管理者终胜自己一筹，从而自发地产生崇拜心理，并按修改后的方案执行。这样做的效果会很好，因为管理者首先肯定了下属的意见，即使修改也是在肯定的基础上修改的，于是修改的过程也是下属领会上级意图的过程。这样做，下属同样会怀揣着自豪感和成就感来完成任务，同样会在执行任务的过程中积极地把思维打开，一切朝着成功的方向去努力。

当管理者发现下属的方案和自己的方案重叠性很小，而且下属的方案有明显的不可行性的时候，他们会想："如果我全盘否定，一是不合实际，二是容易给他们造成心理阴影。"于是他们会说："好！你的方案中有一点很好，就是应该这样做。"从而让下属在心理上得到安慰，感到自尊得到了维护。然后管理者再针对方案中的不足之处与下属平等地展开研讨，最后双方在相互的研讨中取得一致意见。这样出台的方案是在肯定下属方案某一部分的基础上而得来的，下属在执行此方案的过程中，会认为该方案中有自己的智慧，自己就是这个方案的最初设计者，同时自己还是方案的操作者。这样，下属在执行方案的过程中，同样会尽心尽力、尽职尽责，出色地完成任务。一个成功的管理者是懂得人性的，对人的心理解析得入木三分，因此，即使下属提出的方案毫无值得欣赏肯定之处，他们也不会张嘴否定，而会以商量的口气说："你看这样行不行……"在与下属平等友好的协商过程中，新的可行方案也就产生了。下属首先是理解了这个方案，另外也参与了方案的制订过程，方案中也有自己的智慧，因此在心理上会产生一种满足感。

而"引而不发"最大的好处在于可以避免自己的决策错误。当管理者感觉自己的方案可能存在缺陷或者根本就没有方案时，引而不发，借一件事，或者制造一个引子，让下属去展开，自己决不参与，到关键的时候再站出来做个决断和结论。这时大家都已经讨论得很充分了，容易对领导者信服，领导者的能力和作用马上体现出来，让下属在心理上对自己叹服。纵使自己的决策最终产生了不良效果，也可以让员工在心理上产生一种负罪感，认为自己有一定的责任。

用人如器，各取所长

要让下属在心理上对所在公司或企业产生价值认同感，对管理者产生崇敬心理，对管理者下达的任务或推行的命令遵从不误，管理者就必须发掘每个下属的长处，做到人尽其才，让其产生个人价值被认同的心理。

儒家有云："识人用人，德才兼顾，知人善任，人尽其才。"其实，对于管理者来说，在人才管理上，积极发掘下属的优点，并加以合理利用，做到人尽其才，方是使用人的最高境界。

有这样一则寓言故事，正是说明了管理者只要善于发现下属的优点，并加以利用，做到人尽其才，就能让事情朝着良性的方向发展，管理者不妨从中借鉴用人智慧。

狮子图谋霸业，准备开拓自己的疆域，便决定与邻国开战。出征前它举行了御前军事会议，并派出大臣通告百兽，要大家根据各自的特长担负不同的工作，最终决定大象驮运军需用品，熊冲锋厮杀，狐狸出谋划策当参谋，猴子则充当间谍深入敌后。有动物建议说："把驴子送走，它们的反应太慢了，还有野兔，他们会动摇军心的。”“不！不能这样办。”狮子说，“我要用它们，而且它们会在战斗中发挥至关重要的作用。驴子可作司号兵，它发出的号令一定会使敌人闻风丧胆，野兔奔跑迅捷，可以在战场上做联络员和通讯员。”那些动物觉得狮王说得很有道理。后来在战争中果然是每个动物都发挥出了最大的用处，取得了胜利。

在这则故事中，狮子之所以在图谋霸业的过程中取得胜利，正是因为它有英明的用人原则，善于发现下属的优点，让它们各尽其能。在人事管理中，管理者也要懂得这一原则，积极发现并利用下属的长处，做到人尽其才。

俗话说："用人如器，各取所长。"世上只有偏才，而没有全才，有所长必有所短，即使是天才，也不可能七十二行，行行当状元。"金无足赤，人无完人"，正确的用人之道，在于求其人之长，而不在于求其人为"完人"。你用他的长处，他就是"能人"；用其"短处"，则他就是"笨人"了。从心理学的角度而言，你用他的长处而忽略他的短处，会让他产生知遇之感，从而竭尽全力地工作；反之，则不然。

某广告公司在执行一个大项目，由于市场部人手吃紧，主管便把优秀的文案人员小峰临时充用。由于业务不熟，小峰在市场部出了一个小差错，险些对该项目造成毁灭性的打击，因此受到责备。失意之余，小峰在心理上产生了微妙的变化，挫折感顿生，心想："英雄既未遇到良时良地，不如归去。我凭什么在此干这费力不讨好的事情?!"于是决然辞职，公司也因此失去了一个优秀的文案人员。

用人，用其长就是人才，用其短就是庸才。"巨匠手中无废料"

说的就是这个意思。熟练的工匠可以让每一块材料发挥作用，高明的管理者也应该发现每个人身上可用的地方，明白每个人的才能，用其所长避其所短，让每个人充分发挥他的效用。是金子就要让他发光，是人才就要使之发挥才干，这是一条最起码的用人原则。

那么究竟该如何做到人尽其才？最重要的是要了解人才个体自身的不同的心理特点。

从某种意义上说，公司的员工就好比是演员，而老板就是导演。如果“导演”能根据“演员”的不同的心理特点，使每个角色都由最适合的演员出演，那么这场节目一定会取得成功。

在哈佛商学院 MBA 核心教程中有对个体心理因素这样的阐述，即在所有个体心理因素中有五个最基础的维度：一是外向性心理特性，这样的人才善于社交、言谈，适合做外交方面的工作；二是随和性心理特性，这样的人才能够愉快合作，给人以信任的感觉，适合做协调方面的工作；三是责任心心理特性，这样的人才具有强烈的责任感和可靠性，适合单独负责一个项目，委以大任；四是情绪稳定型心理特性，平和，安全，能够统揽全局，这样的人才适合做决策者，不以物喜，不以己悲，能够冷静处事，善于分析；五是经验的开放型心理特性，个体聪明，敏锐，适合做开拓创新型的工作。基于以上的五个心理维度，企业家们就可以量体裁衣，善用人才，真正实现人尽其才。

世界上只有无能的管理者，没有无能的下属。管理者只有“短中见长”，善于发现下属的长处，扬其长而避其短，进而尊其长、抑其短，变消极因素为积极因素，才能真正做到人尽其才。

风行草偃，上行下效

员工对管理者产生不服气的心理是再正常不过的事情了。心理学认为，当一个人的地位、才识、钱财不如另一个人的时候，往往会造成心理失衡，产生嫉妒心理，进而对其言行忤逆或者挑衅，尤其是对于一个好胜心比较强的人来说更是如此。当管理者在下达任务的时候，如果发现有这样的下属，一定不能以权压人，而是要讲究策略，从心理上战胜对方，从而使每个员工心服口服。

首先，必须做到言出必践，令出必行。要树立管理者的威信和建立良好的人际关系，管理者必须以公司和团队的利益为重，处理问题公正、果断，不拖泥带水，才能在工作中发挥决策作用。管理者的威信使员工有种敬畏感，可以使员工服从领导的安排与要求，而不会出现员工与领导讨价还价或不服从安排的现象。在与队员沟通的过程中，能够真诚地与员工进行沟通，让他们觉得领导平易近人，进而从心理上乐于接受。同时还可以了解他们的个性、习惯等，为以后更加合理的安排工作起到参考作用。

任何一个员工都有获得归属感的心理需求，渴望得到“家”的感觉，渴望得到企业的关怀和温暖，同事间真挚友好的帮助，管理者们和蔼可亲的问候。而当管理者积极创造条件让他们的心理需求得到满足的时候，他们的思想认识就会得到升华，能处处以团队的利益为重，严格要求自己；工作态度就会从被动转变为主动，愿意以实际行动为团队增砖添瓦。在不知不觉之间，员工就会对管理者心服口服。

其次，不要把员工都当成是小孩子，也不要以为大家什么都不知道，只有自己随时严格要求自己，以身作则，做个好长官，才能真正让员工心服口服。

一位父亲拿着一根棍棒，生气地对着他念高中的儿子说："你小小年纪就学会了抽烟。这次是被我当场遇到，要不然我还不知道会被你瞒多久呢?"儿子满脸不服气地说："你自己还不是抽烟，那我为什么不能抽烟?"

可以说，这个孩子之所以抽烟，在很大程度上是受了父亲的影响。对于父亲的管束，也不服气，"理直气壮"地反诘，而父亲在孩子的质问下一时哑口无言。

中国有这样两句古话："已身不正，何以正人?""上梁不正下梁歪，三梁不正倒下来。"作为一个管理者，必须做员工的表率，用心去对待每一位员工，关心他们的工作、家庭、情绪起伏，从而让每一位员工心悦诚服。

当发现员工有过失的时候，管理者要扪心自问一下：我是不是也有同样的过失？我是不是没有做好表率？这种心理反思活动使自己对自身的言行有一个全新角度的评判，对自己是一个强烈的心理警示。

反之，如果管理者自己做得不好却不懂得自我反省，而唐突地训斥员工，被斥责的员工嘴上不说，但是必定会产生逆反心理。即使在强压之下，口头上服软了，一定也在心里头暗暗骂着："你自己也没有多好。"长此以往，管理者与属下之间的关系，一定会变得不好，管理上一定会有很多的问题。

因此属下在犯错时，我们正好也可以检讨一下，自己是不是也不经意地犯了类似的过错。如果自己确实有不足之处，就一定要勇于承认自己所犯的过失，积极找寻弥补和挽救的办法，而不是去推卸责任，找人代过。要知道没有人会笑话一个敢于承认自己错误的上司，他们只会佩服上司的勇气。古人云："夫以人为镜，可以明得失"，"见贤思齐，见不贤而内自省"，当今的管理者只有达到了这样的思想境界，才能让员工心服口服。

掌握"放"与"收"的技巧

管理者对于自己手头权力的管理，应该像放风筝一样，既要有"收"也要有"放"，灵活运用。放，就是要给下属留有自主的空间，收，就是要及时监督，不能让下属为所欲为，背离自己的初衷。

"放"，就是适当地向下属授权，当自己的工作压力太大或者下属值得信任的时候，管理者就要适度放权。让下属去执行任务。当你把本属于你的权力下放给他们的时候，他们就会产生一种自豪的心理，在心里认为自己是公司或团队不可或缺的一部分，从而努力工作，纵使要付出很多也在所不惜。

而一旦下放权力之后，管理者就要用人不疑。对被授以大任的下属"信而不疑"，选定了就要大胆任用，不要因为一些小节问题而持怀疑态度。要帮被授权者清除心理障碍，让他们觉得自己是在“独挑大梁”，肩负着一项完整的职责。这表现在两个方面：首先，要放开手脚让下属干，让他们以良好的心理状态去工作，充分发挥他们的主观能动性，把事情办好，不要在上面乱指导，让下属无所适从，产生心理压力，更不能开始对他们赋予重任，而后又什么事都自己一手操办，让下属一边乘凉。其次，在授权之后，要将心比心，从各方面为下属着想。人的观念是不同的，下属在接受工作中，也许会有很多不同意见及想法，这时千万不要自以为是，要求下属与你保持一致，这是不明智的，应当理解他们这样做自有其道理，只要目的达到就行了。

当然，授权就像放风筝，如果“放”的时候，不适时地“收”几下，风筝就难以飞上高空；而一旦飞上高空，不及时“收”住，放风筝的人就可能失去对风筝的控制。所以，上下默契授权应当有弹性地进行，可放也可收，要做到既让领导很放心，同时又能让得到授权的下属也很称心。那么，如何下放权力而又不导致失控呢？

为了使权力下放而又不导致失控，管理者首先要把握好自己的新角色。授权之后，要学会追踪命令。有些主管在授权之后，常常忘记自己发出的命令。对于已发出的命令进行追踪是确保命令顺利执行的最有效方法之一，是成功管理者经常采用的控制手段。追踪命令的方式有两种：第一种，主管在发布授权命令后的一定时期，亲自观察命令执行的状况；第二种，主管在发布授权命令的同时与下属商定，下属应当定期呈报命令执行状况。

管理者还要学会全局统御。如果通过授权的方式，在相对轻松的工作压力下，仍不至于“大权旁落”，那么，授权无疑是一种令

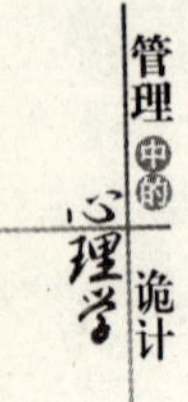

人赏心悦目的选择。而实际上，授权把主管们从具体事务中解放出来，使他们有更多的时间和精力思考全局的问题，往往比事事躬亲时更能统御全局。这就如同古代统兵作战时候的情形，主帅把权力下放给左右先锋、某某将军等等，但主帅仍是统帅三军的人物。

如果说授权就像放风筝，那么追踪命令和统御全局就是风筝线，只有凭借这条线，探知被授权人深层次的心理活动，才能实现效益最大化。真正的管理者，不一定自己能力有多强，而是要懂信任，懂放权，懂珍惜，就能团结比自己更强的力量，从而提升自己的身价。相反，许多能力非常强的人却因为过于追求完美主义，事必躬亲，认为什么人都不如自己，最后只能做最好的公关人员或者销售代表，成不了优秀的管理者。

优化组合，使人才形成互补

在企业的管理中，管理者要体现自己的领导力，在员工心里占有位置，树立自己的威信，使命令得到有条不紊的执行，一个重要条件就是整合内部人才资源，合理搭配各种工作人员，使之在专业、智能、素质、年龄等各方面相互补充，组成一种最佳结构。在现代社会里，许多工作需要知识、技能的联合攻关，不是一个人或一种人就能胜任的。事实证明，如果各种人员搭配得好，行为默契，就会产生最佳效能，产生新的力量，这种力量并不是它的一个个力量的总和。如果搭配不好，就会互相扯皮，互相抵消，造成一种力量的内耗。

每一个人都有自己的性格、脾气和心理特征，每一个人又都有自己的爱好和特长，每一个人还有自己的经历和经验。怎样才能使这些人和睦相处，同舟共济而不发生内耗？唯一的办法就是用互补原则去协调他们，用一些人的长处去弥补另一些人的短处。互补原则体现在用人的多个方面，如“专业互补”，“知识互补”，“个性互补”，“年龄互补”，长短相配，以长济短，形成多种具有互补效应的人才结构，才能调动人们的积极性和创造性。心理学家认为，人具有渴求互补的心理，这也是漂亮的女孩会与才华横溢而相貌平平的男子结合的心理动因。人通常对自己缺乏的东西有一种饥渴心理，而对自己所拥有的东西反而不太重视，所以，作为一个主管，只要把握好员工的这种心理，然后根据其特长安排任务，让他们形成互补优势，就既可以提高工作效率，也迎合了他们的心理。

到过寺庙的人都知道，一进庙门，首先是弥勒佛，笑脸迎客，而在他的北面，则是黑口黑脸的韦驮。相传在很久以前，他们并不在同一个庙里，而是分别掌管不同的寺庙。弥勒佛热情快乐，所以来的人非常多，但他什么都不在乎，丢三落四，没有好好地管理账务，所以依然入不敷出。而韦驮虽然善于管账，但成天沉着脸，太过严肃，来访的客人越来越少，最后香火断绝。佛祖在查香火的时候发现了这个问题，心里想：看来我得改变一下用人策略了。于是就将他们俩安排在同一个庙里，由弥勒佛负责公关，笑迎八方客，于是香火兴旺。而韦驮铁面无私，锱铢必较，佛祖就让他负责财务，严格把关。在两人的互补之下，庙里呈现出一派欣欣向荣的景象。

没有一个人是全才，如果管理者渴望全才，那么将会无人可用。所以管理者就要充分挖掘每个人的潜力，知道每个人的长处和短处，然后再分别加以运用。其实，在用人大师的心里，没有一个人会是废人，正如武功高手，不需名贵宝剑，摘花飞叶即可伤人，关键看如何使用他们。

所以，一个成功的管理者应该全面了解员工，包括他们的技能和心理特征，然后优化组合，为我所用。

第三章　拉近心理距离

我们谈管理，尤其是对人的管理，过多地强调了“约束”和“压制”，事实上这样的管理往往适得其反。聪明的管理者应该懂得在“尊重”和“激励”上下工夫，了解员工的需要，然后满足他，从而让管理亲和于人，让管理者与员工的心理距离拉近，让管理者与员工彼此间在无拘无束的交流中互相激发灵感、热情与信任。

聪明的管理者善解人意

善解人意就是善于察言观色，揣摩别人的心理状态，想对方之所想，急对方之所急。

一个善解人意的人，总是设身处地为别人着想，不让别人紧张、拘束，更不会让别人尴尬难堪。据说，莎士比亚就具有善解人意的神奇能力。在和人交往的过程中，他就像一条变色龙，能根据交往对象的不同特点，随着时间、地点的变化，进行应变。文学批评家威廉·哈兹里特指出："莎士比亚完全不具有自我，他除了不是莎士比亚之外，可以是其他任何人，或是任何别人希望他成为的人。他不仅具备每一种才能以及每一种感觉的幼芽，而且他能借着每一次命运的转换，或每一次的情感冲突，或每一次的思想转变，本能地预料到它们会向何方生长，而他就能随着这些幼芽延伸到所有可以想象得出的枝节。"

作为一个管理者，在与下属共处时，一定要发挥莎士比亚的这种能力——善解人意，以便在下属的心里树立一个良好的形象。

就以最平常不过的沟通来说，有的下属可能会感到紧张、拘谨，这时候，管理者就应善解人意，以主动的姿态，真诚的态度，风趣的言谈，制造出和谐轻松的气氛，消除对方的紧张心理，缩短彼此的心理距离。这样既建立起管理者平易近人的形象，又能使下级受到鼓舞，把管理者视为知己，从而敞开思想，以心交心，善解人意，主动沟通。

而在工作中，如果下属由于某种心理障碍造成工作进程出现问题时，一个高明的管理者决不会妄加训斥，而是为下属排忧解难。举例来说，假定一位推销员性格内向、讷言，而他的工作又要求他必须积极主动。这时，管理者就应该向他讲清楚道理，告诉他胆怯和恐惧是自然的。并告诉员工，只要他愿意付出代价和汗水，有积极的心态的话，那么他肯定就能成为他自己所想成为的那种积极主动的员工。同时，还要向他讲述一些别人是如何克服胆怯和恐惧的事例。谁都有缺点，谁都有软弱的一面，事实上，恐惧通常只有当员工面对新情况或者做一件从来没有做过的工作时才会产生。聪明的管理者一不会嘲笑员工，二不会蔑视员工，他们总是客观地看待员工的“恐惧”，积极帮助员工尽快走出恐惧的阴影，令“当事者”感激涕零，“旁观者”“窃”喜在心。相信长期如此，员工们的恐惧肯定会一天天消逝。这使员工们可以无后顾之忧地大胆施才，放心创新，甚至可以与管理者一争高低。

总之，善解人意是一个优良的品质，是一个完美的心理特征。管理者借此可以与下属交心，拉近彼此的心理距离，让员工心甘情愿、死心塌地地为自己工作。具体来说，要做到善解人意须注意以下三点：

第一，了解下级。了解下级的工作需要以及下级的心理特征和情绪变化，以便调动其积极性。

第二，尊重下级。表现在支持下级和肯定下级的工作。对下级的意见和建议要认真听取、采纳；对下级所取得的成绩要及时肯定；尊重下级的劳动，对下级的工作要给予支持。

第三，要求下级完成任务时，要弄清下级可能遇到的困难，单凭他的力量能否顺利完成。

做一个“理”而不“管”的温和管理者

“管理管理，”既要管，也要理。从某种角度上，我们可以把这里的“管”理解为强行管制，把“理”理解为讲道理。管理员工的时候，就是要将这两个方面结合起来。然而在很多时候，对于不同的员工，针对其独特的心理特点，却只能“理”，不能“管”，否则会引起他们强烈的逆反心理，最终导致事情办砸。

个别上级如果和下属发生口角，气头上的口头语是："听你的还是听我的?""这事谁说了算?"不是平心静气地批评，而是用扣奖金、扣工资、调离岗位相威胁，不是以理服人，而是仗势压人，仗势欺人，常常是压而不服，还结下了心病。你当然会生气，这简直没法避免。但如果你每次遇到这类情况，就和对方大吵大闹一场，最后以悻悻离去而收场，冷静下来，仔细想一想，难道你不该问问自己，这样两败俱伤，又何必呢?

在这种时候，你不妨心平气和地与员工理论，而不是用权力强行压制对方。要知道，在很多时候，温和的管理方式要比粗暴的管理方式更有效、更高明。下面这则寓言就诠释了这样一个道理：

北风与太阳都对自己的力量感到满意，但彼此不服，都认为自己的力量更大。于是他们决定：谁能使得行人脱下衣服，谁就算胜利。

北风一开始就猛烈地刮，吹得树叶飞到高高的空中久久不能落下。他看到自己的威力，觉得脱下行人的衣服应该绰绰有余。不料，路上的行人紧紧裹住自己的衣服。北风见此，刮得更猛，还直往行人的脖子里灌，企图把衣服也吹坏。行人冷得发抖，便添加了更多的衣服。北风吹疲倦了，却未见一个行人的衣服被自己脱下来，便让位给太阳。太阳最初把温和的阳光洒向大地，行人脱掉了添加的衣服。接着又把强烈的阳光射向众人，行人开始汗流浃背，渐渐地忍受不了，脱光了衣服，纷纷跳到旁边的河里去洗澡。最后北风羞愧地向太阳认输。

如何让下属全心全意地为自己做事，的确是一门艺术。衣服就如同每个人的装甲，对外界保持着一种警戒。而如何脱掉这层装甲，困扰着许多的管理者。如北风一般的严酷，只会让员工更加警戒；而如太阳般的温暖，则会让他们丢掉所有的装甲，一心为你做事。

事情就是这样，你没法不相信，也没法不面对。管理者只有敞开胸怀，心平气和地以理服人，才能群策群力，集思广益，使自己所在单位的事业和自己的工作顺利发展。而且一团和气盈于心中，心中无一丝怨仇嗔怒，脸上笑口常开，你会感到前途一片光明，什么事情处理起来也会得心应手，迎刃而解。“大人不记小人过”，说起来容易做起来难。为了消除上下之间的对立情绪，领导有时需要委屈一下自己，设身处地了解对方的心理和观念，这对有缺点的员工来说，是最大的信任，只要你始终坚持这一原则，你必将赢得别人的尊敬。

总之，管理是一门艺术，管理的根本就是协调，就是把所有人的力量拧成一股绳，指导他们去实现一项共同目标的活动。

让员工感觉到你的厚道

力帆控股集团董事长、全国工商联副主席尹明善在一次演讲中曾说：“其实一个管理者，不必要有太大的能耐，最要紧的是要厚道，然后你的员工就地道了。”

要建立这样的企业文化，首要的是有一位以身作则、言传身教的好管理者，也就是“厚道人”。管理者就好像一家之主，其言谈举止、经营思路都在影响着员工的工作风格。管理者厚道，就容易用这种厚道影响员工，让员工也具有厚道的素质，所谓“近朱者赤”就是这个道理。管理者如果厚道、诚信，一方面会给企业员工做一个好表率，另一方面也会通过计划和执行给企业量身定做一套鼓励厚道、鼓励诚信的评价标准，这些都在很大程度上影响着员工对自己的要求。

另外，从心理学的角度看，厚道的管理者由于对厚道、诚信这些品质的认同，以及自身具有厚道的素质，所以更倾向于寻找厚道的员工，这个道理就好像“物以类聚，人以群分”一样，这是厚道的企业文化之所以形成的人性基础。而员工也在挑管理者，挑适合自己的企业文化，使进入厚道企业的员工从一开始了解企业就比较认同厚道的精神，即使是那些本来不那么厚道的员工，在厚道的管理者和厚道的企业文化熏陶下，天长日久，也逐渐具有厚道的人品，从而更加有利于企业的发展。

而不厚道的管理者也常常会换来下属的不信任，使之对管理者存有防范心理。有心计的下属甚至会“以彼之道，还施彼身”，也跟管理者在工作中玩猫腻。不厚道，让管理者最终自食其果。

一位老板向管理大师诉苦说，他的公司管理极为不善。管理大师应约而往，到公司上下走动了一回，心中便有了底。管理大师问这位老板：“你到菜市场去买过菜吗？”他愣了一下，答道：“买过。”管理大师继续问：“你是否注意到，卖菜人总是习惯于缺斤少两呢？”他回答：“是的，注意过。”“那么，买菜人是否也习惯于讨价还价呢？”“是的。”他回答。“那么，”管理大师笑着提醒他，“你是否也习惯于用买菜的方式来购买职工的生产力呢？”他吃了一惊，瞪大眼睛望着管理大师。最后，管理大师总结说："这主要是由于你的不厚道引起了员工对你的警惕，从而与你计较，这就是公司管理不善的病源之所在啊！"

诚然，有些管理者不厚道地对待员工，但不要认为他们能长期愚弄人们。他的职员可能看上去相当文静和羞怯，但是，如果这些职员的切身利益受到了损害，他们也会搏斗如虎。所以要记住，在对待人的问题上，聪明不能代替善意和真诚。不要认为你能愚弄人们，他们会受你的欺骗。不可能，他们会一眼看穿真相。人际交往的第一原则便是对等原则。很多高层管理者只是想到让员工努力干活，却没有想到自己也应该努力为他们创造良好的工作条件。在这样不对等的情况下，员工是不会那么拼命的。

做人要厚道，做一个成功的管理者尤其要厚道！

激发失意者的潜能

管理者在自己的工作中，难免会遇到失意的下属。在这些失意的下属中，大多数都是因为工作上的不如意，他们自以为没有得到用武之地，职务与才华不相匹配，因而情绪低落，有的甚至以酒买醉。一个集体内，要是某一个人有悲观的情绪，就可能阻碍整个集体的前进。

对待失意者除了思想帮助外，给他一个合适的工作岗位也是应该的，这时候，他们就会产生一种受人器重的心理。如将他放在流水线的末尾，在这种地方，失意者可以成为良好的监督者，即使不出现问题，他也会鸡蛋里挑骨头，要是确实存在差错，他也会比别人更能把差错找出来。

“微软之王”比尔·盖茨很善于从社会上寻找“失意者”，并重金聘用。他认为：当一个人为生计发愁时，他就会发挥自己的潜能，进行创造性思维，恰恰在这种时候，最容易出成绩，而且这种人比事业顺利的人更具有承受挫折的能力。微软公司以后也必将会经历挫折，那么，这些曾经失业的人才必定会在逆境中干得更加出色。因此，盖茨一旦发现本行业中比较出色、但因所在公司经营败落而失业的人才，就会在适当的时候聘请他们来微软工作。而心理学上的相关研究也印证了比尔·盖茨的这一观点，据心理学家研究，一个失意者更需要得到心灵上的安慰，更渴求有人能填补他心灵上的空白，治疗他心理上的疾病。因此，当一个独具慧眼的管理者向他抛出橄榄枝并予以重用的时候，更能激发他的潜能，使他努力工作，甚至以死相报。

《战国策》中有这样一个故事：齐国人冯谖由于贫困潦倒，几乎没有办法维持生计了，失意非常。无奈之下，冯谖前去投靠孟尝君。孟尝君问他有什么才能没有，他说没有，但是礼贤下士的孟尝君还是把他收留了下来。后来，冯谖两次三番地对所受到的待遇感到不满，于是弹剑而歌，孟尝君闻知后，一一满足冯谖的要求，让其在心理上有了满足感和安全感。后来，冯谖自愿去薛地收债，通过冯谖的义举，让薛地百姓对孟尝君感恩戴德，为孟尝君开辟了一条后路。

冯谖之所以绞尽脑汁、竭尽全力地为孟尝君做事，就是为了报答孟尝君的知遇之恩，报答孟尝君救自己于失意之中的恩情。可以说，在这一点上，招贤纳士的大师孟尝君确实有独到之处。其实，像这样的事例在历史上不胜枚举，他们最终都取得了双赢。

管理者何不效仿古人，善待失意者，投之以桃，相信失意者终会报之以李！

避免批评所造成的“情感创伤”

在工作中，下属难免会出现错误，这时候，作为管理者往往要就其行为提出批评。然而，批评的时候不讲究策略，往往就会产生不良效果。尤其是当管理者正在气头上的时候，情绪失控，借题发挥，反而会产生更恶劣的影响。

心理学家认为，当一个人被人指责说工作表现差或者是犯下了本可避免的错误，这滋味是很不好受的。受批评的员工不仅仅会产生防御心理，被上司批评这件事还会让他觉得受了伤害，觉得很泄气。员工们个性不同，心理学家所谓的“自我力量”（内心深处对自己的感觉，也就是对自我价值的认同）有强有弱，受批评时会产生愤怒、焦虑、沮丧等种种不同的反应，甚至这些反应会同时出现，这些不良情绪就是批评所导致的“情感创伤”，是一种深层次的心理伤害。

所以，当下属出现错误的时候，管理者一定要采用巧妙的手段批评和训诫下属。出于改造和团结的目的，批评要讲究方法，不能粗暴。

一是可以采用模糊式的批评方式。某单位为整顿劳动纪律，召开了员工大会，领导在会上说：最近一段时间，我们公司的纪律总的来说是好的，但也有个别人表现较差，有的迟到早退，也有的上班时间聊天……这就是一个典型的模糊式批评，用了不少模糊语言："近一段时间"、"总的"、"个别"、"有的"、"也有的"等等。这样，既照顾了面子，又指出了问题，他的批评没有指名，并且又具有某种弹性，通常这种批评比直接点名批评效果更好。

二是可以采用正调反唱的批评方式。这种批评方式是指领导者知道员工的过错但不提出批评，而是充分肯定或表扬员工的长处和成绩，对员工进行激励，使员工自我反省，进而认识过错、改正过错。在一般情况下，当员工工作中出现过错时，管理者会及时进行批评。所以员工普遍的心理活动是：一旦出现过错，就等着挨领导者的批评。领导者不批评员工，员工心里反而不安宁。当受到领导者的批评之后，心里的包袱也就放下了。从心理学的角度看，仿佛员工出现过错，挨了领导者的批评，就一对一拉平了。然而逆向思维来讲，对有些出现过错的员工，完全可以不用批评，而是通过表扬其本人或他人的优点，特别和其过错相对立的优点，可以促使其本人扪心自问，主动自我反省，很快认识过错，改正过错，从而收到批评的效果。

三是可以采取旁敲侧击的批评方式。所谓旁敲侧击的批评是指领导者并不直接针对犯错误的员工提出批评或指正，而是通过某种手段引起员工自我警醒，方法可以是故意严厉地批评他人，抓住某个员工充当"替罪羊"，让他受训斥时，使其他人受到震动，并因为躲过上司对自己的批评而暗自庆幸。旁敲侧击式着重体现在“敲”与“击”上，具有观点明确、态度明朗的特点，使对方在敬畏之中不得不接受批评。

四是可以采用请教式的批评方式。生活中有个例子：有一个人在一处禁捕的水库内网鱼，远处走来一个警察，捕鱼者心里想这下可糟了。警察走近后，出乎意料不仅没有大声训斥，反而和气地说：“先生，您在此洗网，下游的河水岂不被污染了?”这句话令捕鱼者十分感动，连忙诚恳地道歉而去。同样的道理，当下属发觉他的过分行为伤害了你后，他在某种程度上也会自责的。这个时候，你就没必要厉声训斥他，而用温和的方式作一个“冷处理”更好。

五是采用安慰式的批评方式。有的情况下，员工的错误举止是人之正常心理驱使的必然结果，在这时候，尽管你对此不能接受，但你也应当从员工的角度考虑问题，体会下属的想法。或者你会发现如果你站在他的位置上，你也可能这样做，只不过不像他那样厉害罢了。既然能意识到这一层，你就应该去注意下属的情绪，在给以批评的同时，也留一些余地，给对方一些安慰。然而，要明确你的态度是批评性的，绝不可以给下属留下一种鼓励、劝勉的印象，那样同样无助于问题的解决。

六是采取暗示式的批评方式。暗示式批评方式最大的特点是具有一定的隐蔽性，这种隐蔽性避免了你在批评某位下属时的直接对立或尴尬。一般而言，这种批评方式非常适合于那些过分献殷勤的异性下属。假设在工作中，你的某个异性下属总是有事没事地去找你这位中层管理者献殷勤，而你又正在集中精力、全身心地投入到一份重要文件的处理中，可他（她）却三番五次来干扰。他（她）

以为是好意，要么问问是否用咖啡，要么去打听一番你的工作进程。对于这种下属，你可以告诉他（她）：“我看××倒是很好！安安静静的。”通过两相对照来暗示这位异性下属不要和你太亲近，他（她）自然会领会你对他（她）的批评。这种暗示式的批评方式既不会暴露自己的不满，又使下属能保住面子，维护了他（她）那点自尊，同时也令下属认识到了自己的错误，能使他（她）积极主动地改正错误。这可谓是“一箭双雕”的做法，你不妨试一试。

总之，下属不是不能接受批评，问题的关键是批评的态度和批评的方式是否正确；批评的态度是与人为善，还是粗暴蛮横；批评的方式是合适得体，还是无所顾忌。要让你的批评能使下属愉快地接受，欣然改之，就要善于使用“不苦口”的良药，“不逆耳”的忠言。

宽容是人与人交往的“润滑剂”

在职场中，下属对管理者产生偏见也许是一件很正常的事，因为一个领导者往往要领导很多下属，不可能面面俱到，一时疏忽，就难免会招致来自下属的偏见。

当下属对你产生偏见以后，你首先就得与其沟通，及时发现自己的不足，以便改变自己，同时消除对方对你的偏见。然而，改变自己的缺点是要有一个过程的，消除别人的偏见也并非轻而易举，这时候，作为管理者，就要学会宽容。

宽容不但是做人的美德，也是一种明智的处世原则，是人与人交往的“润滑剂”。一些厄运只是因为对他人一时的狭隘和刻薄，而在自己的前进路上自设了一块绊脚石；而一些幸运，也是因为无意中对他人的帮助而拓宽了自己的道路。

宽容犹如冬日正午的阳光，可以融化别人心田的冰雪。一个不懂得对别人宽容的人，会显得愚蠢，也会苍老得快；一个不懂得对自己宽容的人，会把生命的弦绷得太紧而伤痕累累，抑或断裂。

卡耐基说：“你不喜欢的人，寻找他的优点，你一定会找到一些的。”释迦牟尼说：“以爱对恨，恨自然消失。”试着去宽容对你存有偏见的下属，你的生活将会绚丽多彩。

小杜毕业后，就在某合资公司外贸部当了主管，不幸碰上一位对她偏见颇深的下属。这位下属是一位将近四十岁的女人，工作能力还可以，在这家公司待了四年，然而仍然未获得一官半职，因此对年轻有为、初来乍到的小杜存在偏见。此人总是无事生非，非难小杜，还常常散播谣言败坏小杜的名誉。小杜不是一个会“争”的女孩子，只好忍气吞声等科长长出“火眼金睛”，结果等了三个月，还是等不来一句公道话。一气之下，小杜就去了另一家外资公司。在那里，她出色的工作博得了许多同事的称赞，但是不幸又遇上了另一位对它存在偏见的员工。心灰意冷间，她又萌动了跳槽之念，于是向总裁递交了辞呈。总裁没有竭力挽留小杜，只是告诉她自己处世多年得出的一条经验：如果你讨厌一个人，那么你就要试着去爱他。总裁说，他就曾鸡蛋里挑骨头一样在一位上司身上找优点，结果，他发现了老板的两大优点，而老板也逐渐喜欢上了他。

小杜依旧讨厌那位员工，但已悄悄地收回了辞呈。她说："现在想开了，作为一个成熟的人应该放开心胸去包容一切、爱一切。换一种思维看人生，你会发现，乐趣比烦恼多。"

《菜根谭》中讲："路径窄处，留一步与人行；滋味浓的，减三分让人食。此是涉世一极乐法。"这正是宽容别人偏见的精要。曾有人把人比喻为"会思想的芦苇"，弱小易变。为了自己的健康，我们何以不能宽容下属的偏见？

当然，宽容并不意味着对恶人横行的迁就和退让，也并非对自私自利的鼓励和纵容。谁都可能遇到情势所迫的无奈，无可避免的失误，考虑欠妥的差错。所谓宽容就是以善意去宽待有着各种缺点的人们。因其宽容而容纳了狭隘，因其宽容而显得大度。

掌握安慰人的"心技"

在与下属相处的时候，管理者要想拉近与下属的距离，抓住下属的心，就要讲求安慰人的技巧，在最恰当的时候给他以力量。

当下属在工作、生活、情感上出现问题而伤心难过时，很多管理者就会好言相劝"没关系，坚强点儿"。或者帮助分析问题，告诉他"你应该这样做"，还有些管理者会批评对方："我早就跟你说过……"其实，这些做法不仅不能使下属得到安慰，还会使对方更加伤心。因此，安慰人也要讲心理技巧，要根据对方的心理活动，给予对方最贴心的抚慰。

1. 要倾听对方的苦恼。

由于生活体验、家庭背景、所受的教育、工作性质等不同，形成了每个下属对于苦恼的不同理解。因此，当你试图去安慰一个下属时，首先要理解他的苦恼。安慰人，听比说重要。一颗沮丧的心需要的是温柔聆听的耳朵，而非逻辑敏锐、条理分明的脑袋。聆听是用我们的耳朵和心去听对方的声音，不要追问事情的前因后果，也不要急于下判断，要给对方空间，让他能够自由地表达自己的感受。聆听时，要感同身受，对方会察觉到我们内心的波动。如果我们对他的遭遇能够“悲伤着他的悲伤，幸福着他的幸福”，对被安慰者而言，这就是给予他的最好的帮助。

2. 要接纳对方的世界。

由于对下属所讲的“苦”不以为然，因此，安慰下属的管理者容易在倾听的过程中产生抗拒，迫不及待地提出自己的见解。安慰下属的管理者需要放弃自己根深蒂固的观念，承认自己的偏见，真正站在对方的角度去看下属所面临的问题。

心理专家说的“放下自己的世界，去接受别人的世界”就是这个道理。最好的安慰者，是暂时放下自己，走入下属的内心世界，用他的眼光去看他的遭遇，而不妄加评断。

3. 要探索对方走过的路。

安慰下属的管理者常常会感到自己有义务为对方提出解决办法。殊不知，每个被苦恼折磨的下属，在寻求安慰之前，几乎都有过一连串不断尝试、不断失败的探寻经历。所以，我们所要做的就是，探索对方走过的路，了解其抗争的经历，让他被听、被懂、被认可，并告诉他已经做得够多、够好了，这就是一种安慰。

心理专家提醒安慰者一个重要的观念："安慰并不等同于治疗。治疗是要使人改变，借改变来断绝苦恼；而安慰则是肯定其苦，而不是做出断绝其苦恼的尝试。"实际上，在安慰下属的过程中，所提供的任何解决方法都很可能会失灵或不适用，令对方再失望一次，故而不加干预地倾听、了解并认同其苦恼，是安慰的最高原则。

另外，陪下属出去散散心或者参加某种活动甚至外出旅游也是一种安慰。下属会在你的陪伴下，觉得安全、温暖，于是倾诉痛苦，诉说他的愤恨、自责、后悔，说出所有想说的话，当他经历完暴风雨之后，内心逐渐平静下来，坦然面对自己的遭遇时，他会真心感谢你的陪伴，也觉得是靠自己的力量走过来的。

安慰人是一门技巧，是一种为别人调节心理的大学问。管理者要想真正猎获下属的心，让其对自己产生感激之情，死心塌地地为自己工作，就一定要掌握好这门技巧。

疏导下级的心理压力

在职场中，因为工作繁忙、竞争激烈，员工大多都有一定的心理压力。作为一名管理者，对其员工应敏感体谅，而员工则应随时把自己情绪上的波动、工作中的合理要求及时向他反映，这是双方呼应的事。当然领导者不可能完全了解员工的内心世界，但是经常进行思想交流，不失为疏导员工压力的有效手段。

当然，在疏导下级的心理压力之前，管理者应该反省一下，自己是不是存在让下级产生不必要的压力的行为？自己是不是也存在不良情绪，进而给下级的心理造成阴影？英国的医学工作者通过研究发现，如果老板不公正、不通情达理的话，他的员工患高血压、心脏病或中风的几率就会增加。研究人员指出："一位不受欢迎的上司就是职场上的潜在压力来源。从临床医学表现上看，就有可能对员工造成强烈的负面心理影响，并对员工的心血管功能造成很大的影响。"所以，管理者必须对自己的言行全新审视。

疏导下级心理压力的最简单最直接的方法是面带笑容，以笑容打开下级的心扉。一个发自肺腑、暖人身心的微笑，不仅可以使员工降低心理压力，还可以让自己有一个不错的心情。美国许多企业或公司的经理宁愿雇用一位中学未毕业却有着迷人笑容的女下属，而不愿聘请一个满脸"尊严"的哲学博士。

同样的道理，许多下属都向往有一个和颜悦色的管理者，而不是一个严肃的铁面判官。

纽约百老汇大街证券交易所有名的经纪人斯坦哈特过去严肃刻板、脾气暴戾，以至他的下属战战兢兢，唯恐出错，从而导致工作效率低下。后来他一改旧习，无论在电梯上、走廊中，还是在大门口或商场里，逢人三分笑，像普通一员那样虔诚地与人握手，结果不仅让员工的心理压力剧减，工作效率大增，而且还使顾客盈门，生意兴隆。所以，笑容是大自然赋予人类的一帖良药，是使人们交际融洽和谐的一盏绿灯，是管理者疏导下属心理压力的最基本的手段。

与员工谈心也是疏导下级心理压力的有力手段。这一形式最早应用于20 世纪 30 年代初在西方电气公司所进行的霍桑试验。当时，谈心只是一种让员工通过向人诉说自己的困难而减轻心理负担的方式。这一做法后来遭到非议，其原因是干扰了企业组织的正常工作，因为参加谈心的顾问们想着手解决他们听到的问题，而忘记了自己的责任只是充当倾听者。但是，有关心理咨询方面的谈心却没有受到这种消极影响，而且随着进一步完善而日益兴旺。

因此，当管理者发现下级存在心理压力时，不妨找一个合适的时间合适的地点，与下级进行一次心对心的交流，让他们减轻心理压力。

在工作过程中，有的下级由于工作上出了大问题，怕上级责怪，或怕因此丢掉饭碗，因此，忐忑不安，如惊弓之鸟。这时候，作为一个成熟的中级管理者，就要学会为下属分担压力，敢于替下属承担责任。

“一切责任在我。”1980 年 4 月，在营救驻伊朗的美国大使馆人质的作战计划失败后，当时的美国总统吉米·卡特立即在电视里做了以上声明。在此之前，美国人对卡特的评价并不高。有人甚至评价他是“误入白宫的历史上最差劲的总统”，但仅仅由于上面的那一句话，支持卡特的人骤增了 10% 以上。

勇敢地为下属承担责任，不要把一切责任推给下属，会让下属的心理负担大大减轻，并且对你心存感激。这是一种睿智的选择，因为没有一个上司喜欢推脱责任的管理者，你勇敢地为下属承担责任，反而会让上级更加器重你。

维护敏感员工的自尊

有些员工的心理比较脆弱，自尊心特强，极敏感，多虑，这样的人特别在乎别人对他的评价，尤其是管理者的评价。有时候哪怕是管理者的一句玩笑，都会让他觉得领导对他不满意了，因而会导致焦虑、忧心忡忡、情绪低落。

遇到这样的员工，要多给予理解，不要埋怨他心眼儿小，要多帮助他。在帮助的过程中，多做事，少讲自己的意见，意见多了会让他觉得你不信任他，给他一些自主权，让他觉得自己能行，经常给予鼓励。同时也要注意不要当他的面说别的下属的毛病，这样他会怀疑你是不是也在背后挑他的毛病。要对他的才干和长处表示欣赏，逐渐弱化他的防御心理。

对待敏感的员工，讲话要谨慎一点，不要当众指责、批评他，因为这样的下属的心理承受能力差。

被称为日本歌舞伎一代大师的勘弥，曾留下一件感人的轶事。有一回，勘弥扮演古代一位长途徒步旅行的老百姓，正当他要上场时，一个门生提醒他说：“师傅，您草鞋的带子松了。”他回了一声：“谢谢你呀。”然后立刻蹲下来，系紧了草鞋的带子。当他走进门生看不到的舞台入口处时，却又蹲下，把刚才系紧的带子又弄松了。显然，他的目的是以草鞋带子的松垮，试图表达一个长途徒步旅行者的疲态。演戏能考虑到这样的细节，实在不简单。但这并不稀奇，当时泰斗级演员的演技，讲究细腻到这个地步，是常见的事。

正巧，那天有位商业名人到后台参观，亲眼目睹了整个过程。戏演完后，他问勘弥：“您该当场训斥那位门生，看来他还不懂演戏的真谛。”勘弥答：“我对那位年轻人有点了解，他是一个心理比较敏感的孩子，当时我若是骂他，会有怎样的结果？今天，他提醒我的是鞋带松垮的事，可是，有时碰到的就不是这一类的事。例如，我若是披上背后有了大破绽的外褂出场，他发现了却可能会敏感地想到：‘这大概又是师傅另一种表达剧情的演技罢？’于是，他就不敢提醒我了，我呢？就这样上了舞台，出了洋相。因此，对于这种年轻人，我不能在大庭广众之下伤他的自尊，让他受到伤害。至于教他演戏的技能，机会还多得是。”

这就是大师为人的细腻之处，懂得该如何维护下属的自尊，使敏感的下属不受伤害。其实，要维护下属的自尊并不是一件容易的事。首先，管理者需要有耐心。不随意批评人，不急于下断语，不管你怎样忙都不能这样。而是要另觅良机，以恰当的方式教育下属。在你发表看法之前，最好是冷静地思考一番，尤其是那些可能伤害对方的自我意识、尊严和自尊心的事情，就更不能轻易下断言。无用的批评从来都不是取得驾驭别人的卓越能力的方法。

第四章　唤醒沉睡的心灵

在你的下属中，可能存在这样一批人：他们由于遭受情感、经济或其他一些不愉快事情的影响，导致对生活失去了热情，在工作中缺乏积极性，得过且过。犹如一只雄狮，有无限的能量，无奈已经进入了休眠状态，无法发挥自己的潜力。这时候，作为中基层管理者，你就要向他们敞开心扉，像朋友一样对待他们，积极鼓励他们重新奋起，努力唤醒他们沉睡的心灵。

“记住，这是你的工作！”

一般来说，下属对工作的态度主要有两类，即热爱和厌倦。热爱工作者把工作看成是一种享受，乐在其中，积极工作，一旦中止工作则惶惶不可终日；厌倦工作者却把工作视为一种苦差事，并处处想方设法减轻和逃避这种工作。

心理学家经研究证实：热爱和沉醉于工作中的人，激素分泌十分旺盛，工作意愿强烈；而厌倦工作的人，激素分泌则逐渐下降，结果在情绪上郁郁寡欢，精神上很容易疲倦，对工作越发讨厌和腻烦。管理者的任务之一，就是千方百计使那些对工作提不起精神、缺乏热情的人发生转变。

管理者要知道一句能唤醒员工的话，那就是："记住，这是你的工作！"

美国独立企业联盟主席杰克·法里斯 13 岁时，开始在他父母的加油站工作。法里斯想学修车，但他父亲让他在前台接待顾客。当有汽车开进来时，法里斯必须在车子停稳前就站到司机门前，然后忙着去检查油量、蓄电池、传动带、胶皮管和水箱。法里斯注意到，如果他干得好的话，顾客大多还会再来。于是，法里斯总是多干一些，帮助顾客擦去车身、挡风玻璃和车灯上的污渍。有段时间，每周都有一位老太太开着她的车来清洗和打蜡。这个车的车内地板凹陷极深，很难打扫。而且，这位老太太极难打交道，每次当法里斯给她把车准备好时，她都要再仔细检查一遍，让法里斯重新打扫，直到清除掉每一缕棉绒和灰尘她才满意。终于，有一次，法里斯实在忍受不了了，他不愿意再侍候她了。法里斯回忆道，他的父亲告诫他说："孩子，记住，这是你的工作！不管顾客说什么或做什么，你都要做好你的工作，并以应有的礼貌去对待顾客。"父亲的话让法里斯深受震动，法里斯说道："正是在加油站的工作使我学到了严格的职业道德和应该如何对待顾客。这些东西在我以后的职业生涯中起到了非常重要的作用。"

"记住，这是你的工作！"既然员工选择了这个职业，选择了这个岗位，就必须接受它的全部，而不是仅仅只享受它给自己带来的益处和快乐。就算是屈辱和责骂，那也是这个工作的一部分。员工必须以十足的热情去工作，绝不容许“沉睡”。美国前教育部长威廉·贝内特曾说：“工作是需要我们用生命去做的事。”对于工作，员工又怎能去懈怠它、轻视它、践踏它呢？员工应该怀着感激和敬畏的心情，尽自己的最大努力，把它做到完美。

另外，“沉睡”的员工大多比较消极，对所从事的职业缺乏热情和坚定的信念，管理者有必要帮助他们树立信念。因为信念是力量的动力，是人生事业成功的关键。在个人职业生涯的发展中，离开了信念的引导与激励，就像茫茫大海中失去了航标的船儿，无法到达理想的彼岸。人只要有了积极和坚定的信念，才能够勇敢地面对人生道路上的各种艰难险阻，什么困难都能克服，什么环境都能适应。信念是与积极的自我意识、明确而又崇高的自我价值观联系在一起的，其对人的激励作用是强烈和稳定的。

所以，管理者如果能够帮助“沉睡”的员工树立坚定的信念，那么必将让他们有全新、正确的自我认识，并能克服自卑心理，理智地面对自己的弱点，在员工“苏醒”的同时，管理者也就修成了“正果”，为自己的人才添加了新的力量。

明确的目标能激发人的动机

陈经理把运营部的各分店经理们召集在一起，介绍运营部今年的工作目标：销售额增加25%，利润率达到15%，市场占有率提高3个百分点。然后，他清了清嗓子说道："下面，请大家根据自己所掌握的各个分店的情况提提，今年每个分店能完成多少销售额，初步估算一下自己分店的利润率能达到多少。"几位分店经理听了部门经理的讲话，都默不作声，低着头看会议议程。好大一会儿，一分店的店长才第一个发言："去年我们的客源少了很多，销售额今年不会提高很多。"二分店、三分店的店长也强调本店的困难。陈经理忙出来强调，现在是让大家说能完成多少任务，不是发牢骚。"好吧，我们店能增加15%的销售额。"一分店店长说。随后，其他经理们提出的销售增长率也都在20%左右。

上面的案例，就是职业经理在制定下属工作目标时，最常见的一种现象——下属会尽可能多地强调自己的困难处境，期望降低工作目标。这是员工的保守心理的表现，这种保守现象，心理学理论解释为"免责现象"。人们都有这样一种心理倾向，就是在没有实现目标的时候受到指责，因而采取了一种低调的态势。

美国马里兰大学心理学教授洛克和他的同事通过大量的实验室研究和现场试验，发现大多数激励因素（如奖励、工作评价和反馈、期望、压力等）都是通过目标来影响工作动机的。因此，重视并尽可能设置合理的目标是激发动机的重要步骤。相关心理研究表明，在对下属制定工作目标时，作为最终工作目标的领受者和实施者的下属常常以一种被动领受任务的心态来面对中层经理：上司告诉我做什么，怎么做，在什么时间和地点做，我就按要求去做，保证不出偏差就算完成了任务，没有其他任何责任。在这一点上，部门下属的态度与同样是从上司那里接受任务的中层管理者不同。中层管理者的工作职责和权力使他不仅仅要考虑完成工作目标所涉及的个人利益，还要将精力更多地关注到部门的利益上。因此，中层经理会更主动地对目标进行质疑，将部门的利益同工作目标相协调，影响最终部门工作目标的修改、确认。但是下属却抱着无所谓的态度，认为目标管理同自己不相干，不能采取主动的态度同中层经理一起协商制定工作目标。

这时候，作为一个有经验的中层管理者，就要尽力解除员工的免责心理，并且积极鼓励下属去制定目标。在刚刚实行目标管理、下属们对此还不习惯时，先对下属进行引导，按照目标达成和实现的难易程度来进行设定，循序渐进，逐步推行，可以按照先易后难、近期目标较详细、远期目标比较概括、时间滚动等方式，使下属从过去听从命令、领受任务的习惯做法中解脱出来。

从心理学的角度而言，目标能激发人的动机，如果人没有行动目标的时候，他会放松对自己的要求和追求，而人一旦有了明确的目标，就会产生责任感、紧迫感和内部动力，所以让员工制定目标可以帮助他们减轻心理负担。当细分目标确立以后，员工就不再会认为管理者下达的任务难以企及了。举个简单的例子，在跑步的时候，如果要人毫无目标和计划地去跑，只能使人感到乏味，虽然没跑多远，也使人感到十分疲劳。若是预先告知要跑的距离，以及到达终点后的荣誉和奖惩，自然会引起人的兴趣，使单调地跑步成为一种追求和享受。联系到具体工作上，如果让下属参与制定工作目标和计划，让每个人了解个人在整体工作中的作用与影响，同样也会使工作充满吸引力。

而作为一个成功的管理者，不仅要鼓励下属制定目标，而且还要求员工制定的目标明确，而非敷衍了事的模糊性目标。美国的布兰查德曾经以体育运动的例子来说明明确目标的重要性。比如单位里有一人经常去打保龄球，他走到端线把球滚了出去，他为球击倒了所有的瓶子而高兴。但是上班时他为什么没有这股热情呢？因为他不知道木瓶在哪里。对大多数管理者来说，要让下属干什么，心里是有底的，只是懒得以通俗易懂的方式把底交给别人。他们认为下属是应该知道的，这就像是一种不实际的保龄球游戏，木瓶竖起来了，可是球员去滚球时，却发现一道屏障遮住了木瓶，当他滚出球以后，虽然听到了木瓶倒下的声音，却不知道究竟击倒了多少木瓶。问他滚得怎么样，他会说“我不知道，但觉得还不错”。

大量研究表明，从激励的效果或工作行为的结果来看，有目标的任务比没有目标的任务好；有具体目标的任务比空泛、抽象目标（如越快越好、越多越好、尽量干好）的任务好；难度较高但又能被执行者接受的目标比没有困难的目标好。换言之，合适的目标，即具体的、难度较大而又为员工接受的目标，所具有的激励作用最大。许多学者认为，遇到难度很高或复杂庞大的目标，最好把它分解为若干个阶段性的目标，即子目标。通过子目标的逐一实现，最后达到总目标。这是完成艰巨目标的有效方法。当然，在实现总目标的过程中，必须经常能通过反馈了解子目标进展的情况。对最好的行为进行奖励，也不排除对不好的行为进行必要地惩罚。

有目标，才有动力；目标不明确，积极性无法发挥。所以，管理者要善于运用制定明确目标的策略，激发员工的潜力。

善用期望激励策略

如果说鼓励员工自己制定明确的目标是激励员工斗志和激发潜能的手段的话，那么管理者自身制定一个具有诱惑力而又切实可行的目标则是让员工永远充满希望的强有力的手段。

企业目标是成为吸引员工的强磁场，管理者的主要任务之一就是不断地向员工提出目标，凝聚人气，让员工永远充满希望，使公司顺利成长。

从心理学的角度讲，每个人都有一种潜在的欲望，希望有所成就，希望获得成功。在实现理想的过程中，他们在心里需要有一个有力的支持者。在职场中，当管理者指定的目标或者企业固定的目标与其自身目标向同一方向发展的时候，员工的心理需求就会得到满足，充满希望，饱含热情。

美国心理学家弗鲁姆是“期望激励策略”的提出者。他认为一种激励，其所具有的作用的大小取决于两方面的因素，一是期望，二是效价。所谓期望就是指对某种激励因素所能实现的可能性大小的预期；效价，是指这种激励因素实现对其本人的价值大小。用公式表示为：激发力量＝效价×期望。从这个公式可以看出：某种激励如果期望值很大，即可能实现的概率就很大；如果实现则对于人效价又高，那么，这种激励的潜在作用就很大。如果期望与效价二者之间有一个为零，则激励作用也将消失。

确立目标是管理者的重要工作。许多知名企业都是在创业的开始就制定了一个明确而远大的目标，并且积极鼓励员工去奋斗。在这里，目标就是一个诱饵，它让员工充满了成功的希望，对企业对自己充满了信心。也正是基于此，这些知名企业获得了成功，日本松下电器公司就是一个杰出的代表。

松下幸之助先生的重要经营谋略之一就是不断提出适合企业发展的目标，让员工对未来充满梦想。松下幸之助担任社长时，常找机会向员工畅谈自己对未来的设想，1955 年宣布了他的“五年计划”——计划用五年的时间，使松下电器公司效益从 220 亿日元增加至 800 亿日元。这种做法不但让员工看到了光明的前景，也震惊了整个企业界，同行纷纷改变政策，向松下电器公司看齐。当然，这样做到底有多少效果，是无法一概而论的，况且也有被其他公司获悉自己计划内容的反作用。松下明知这些问题却果断地发表了它，一方面是为了让员工有坚定的目标与期待，另一方面，是由于他确信这是经营者的必备素质和应有做法。此后，他又陆续向员工提出，采用每周五天工作制，并把工资提高到西方发达国家的水平的目标，同时请大家共同努力去实现。这些做法，从经营策略上说，可能遭遇很多批评，同时在推动事业时，也多少有不利的一面。但松下认为，让员工彻底了解经营者的经营方针和信念，完全可以超越这种不利。五年后，松下先生在员工面前发表的“五年计划”以及实现与西方发达国家相等的薪资劳动条件的承诺，都一一实现，从此员工士气大振，与松下先生一道，筑起松下电器王国。

有些人也可能这样认为，松下之所以能够把梦想变为现实，完全是因为松下电器公司的经营一直都很顺利的缘故，如果经营状态不那么理想，松下先生的目标不可能实现。其实不然。企业经营顺利时，需要制定远景目标，把企业做大做强；经营出现困难时，更需要制定改进目标，凝聚人气，走出困境。战后的松下电器虽处于惨淡经营之中，但松下先生却不曾因此而放弃为公司制定目标。由于目标明确，松下电器在很短时间内就走出困境，续写昔日辉煌。

由此可见，赋予目标是件很重要的事情。适时提出企业发展目标，是管理者的重要职责。无论面临何种困境，经营者都要让员工对未来充满希望，给他们以美好的梦想；如果做不到这一点，就没有资格当一个合格的管理者。

所以，管理者应该基于自己的知识或经验，确立一个最适合企业发展的目标。明确的企业发展目标是调动员工积极性的有效手段，员工越了解公司目标，归属感越强，公司就越有向心力。纵使管理者本身不具备该项事物的知识和技能，但提出目标却是管理者的任务，这项工作除了管理者本身以外，没有谁能代替完成。企业管理是一门综合性很强的工作，需要文化知识和社会知识双重组合，管理者只有具备多方面的综合素质，才能确定适合企业发展的目标。为了确保目标切实可行，管理者平时就要培养能够确立目标的意识。有目标才有动力。目标确立之后，针对这个目标，有知识的人贡献知识，有技能的人贡献技能，大家心往一处想，劲往一处使，才能成就大业。

制造合理的“不公平”去激励员工

美国心理学家亚当斯于1963年前后提出了公平激励术。他认为，报酬的多少固然对人的激励大小有关，但人的工作动机不仅受其所得的绝对报酬的影响，而且更重要的是受相对报酬的影响，即人们总是进行“投入”、“产出”之比。所谓“投入”，是指一个人对自己的条件如毕业早晚、工龄长短、教育水平高低、技术能力大小等等的估计，也就是他所付出的“资本”是多少。如果他自己对自己估计高，那么他认为自己“投入”多。同时，又把个人工资多少、级别高低、受重视程度等等看成“产出”，也就是他所得的报酬如何。在比较的时候，如果个人认为“投入”与“产出”相符，也就是有了公平感，因而能心情舒畅，努力工作。否则就会感到不公平，产生怨气。在比较的时候，人们还会将自己的“投入”和“产出”比例同其他人的“投入”和“产出”比例相对照，如果出现自己的“投入”和“产出”比例与他人不相符的情况，也会产生不公平感，引起怨气。

有这样一个故事：猎人养了几条猎狗，为了让它们能更多地捕获猎物，猎人想出了一个好主意：凡是能够在打猎中捉到兔子的，就可以得到几根骨头，捉不到的就没有饭吃。于是，猎狗们纷纷努力追兔子，因为谁都不愿意没饭吃。

在这里，猎人就是采用了打破绝对公平的方法去调动猎狗的积极性。然而，这位猎人却犯了一个错误，这种不公平的激励方法虽然能够调动猎狗的积极性，但是存在不合理的地方，容易让猎狗找到漏洞。

于是，就这样过了一段时间，问题出现了。大兔子非常难捉到，小兔子好捉。但捉到大兔子后和捉到小兔子得到的骨头差不多，猎狗们发现了这个窍门，都去捉小兔子。猎人对猎狗说：最近你们捉的兔子越来越小了，为什么？猎狗们说：反正没有什么大的区别，为什么费那么大的劲去捉那些大的呢？猎人经过思考后，决定不将是否捉到兔子与分得骨头的数量挂钩，而是每过一段时间，就统计一次猎狗捉到兔子的总重量，按照重量决定猎狗在一段时间内的待遇。于是猎狗们捉到兔子的数量和重量都增加了。猎人很开心。但是过了一段时间，猎人发现，猎狗们捉兔子的数量又少了，而且越有经验的猎狗，捉兔子的数量下降得越厉害。于是猎人又去问猎狗。猎狗们说："我们把最好的时间都奉献给了您，但是我们会越来越老，当我们捉不到兔子的时候，您还会给我们骨头吃吗？"猎人做了论功行赏的决定，分析与汇总了所有猎狗捉到兔子的数量与重量，规定如果捉到的兔子超过了一定的数量后，即使捉不到兔子，也可以得到一定数量的骨头。猎狗们都很高兴，大家都努力去达到猎人规定的数量。这时，其中有一只猎狗说："我们这么努力，只得到几根骨头，而我们捉的猎物远远超过了这几根骨头，我们为什么不能给自己捉兔子呢？"于是，有些猎狗离开了猎人。

由这个故事可以看出，猎人一直希冀通过打破公平的激励措施调动猎狗的积极性，让猎狗为自己尽心效力，然而，在这个过程中，猎人始终没有处理好不公平和合理性的有效结合，因而他的管理是失败的。

在工作中，一个成功的管理者必须懂得激励员工，通过制造不公平如设立不同等级的薪水制让员工有压力，也有追求更高薪水的动力。但是，这种不公平必须保持在员工的心理承受能力之内，不至于让他们失去信心，垂头丧气。所以，这种不公平要根据公司的实际情况、员工的心理特征等各方面的因素来制定，讲求科学性、合理性。当员工有了不公平感，管理者可通过积极的措施，调整员工“投入”与“产出”比例的失衡感，达到及时激励的效果。

有功者不赏和有过者不罚是管理的大忌

孙子兵法开篇（《计篇》）就讲：“主孰有道？将孰有能？天地孰得？法令孰行？兵众孰强？士卒孰练？赏罚孰明？吾以此知胜负矣。”其中就着重提到赏罚是否分明是一支军队是否有战斗力的重要因素。正所谓军令如山，军中无戏言，历来治军严谨的将领都是非常强调奖赏与处罚的。

该如何赏？“天下熙熙，皆为利来，天下攘攘，皆为利往。”奖励，一定要有物质的奖励，大多数人是喜欢物质奖励的。重赏之下，必有勇夫嘛。但是奖励的作用不仅仅是在物质层面，精神的奖励更为重要。现代心理学研究表明，当人们意识到自己的行为受到他人重视，自己的行为被他人认为有特殊的重大意义时，人的主观能动性便能够被充分激发，潜在的能量才能够得到淋漓尽致地发挥和运用。“士为知己者死”，“赴汤蹈火，在所不辞。”皆是很好的例证。

人的心理特征具有某种共同性：与没有一个人不喜欢奖赏一样，也没有一个人是喜欢受罚的。应该说，几乎所有的人都怕被惩罚，更不用说是重罚了。军队里重罚的意义已经不是对事件本身的处理了，而是对其他人乃至全军的告诫。在特殊的情况下，惩罚与平时可能有很大的不同。比如说，在别的地方开小差，也就是一顿臭骂，在战场的最前线，如果临阵脱逃，可能就是就地正法了，根本不可能跟他讲道理，晓以利害，这是形势所逼。重罚的结果不但要使当事人再也不敢犯这样的错误，更要使其他人不敢效仿。用“杀鸡儆猴”来描述，是再准确不过了。

有人以为公司管理与治军不太一样，没有必要把这一套搬过来。那是他不通晓人的本质。人性的弱点是普遍存在的，士兵如此，员工也是如此。只是，具体操作的时候，在尺度的把握上，我们可以灵活地掌握。尤其是在重罚时，因为我们的对象是员工，所以，我们还必须“治病救人”，不能把犯错误的员工一棍子打死，要给他机会，让他翻身。但是，罚还是一定要罚的。

国有国法，家有家规。无论是国法或家规，重要的是必须赏罚分明。一个军队赏罚分明，可以提升军中的士气；一个公司赏罚分明，可以提升公司的业绩；如果赏罚不明，大众必定不服气。所以对“功”、“过”一定要给予适当的奖赏和处分，赏罚一分明，制度就容易建立。

关于赏罚分明要注意三个方面：第一，有过必有罚。一个团体必须讲究纪律，不能因这个人平时对我好或者是亲朋好友，有过就不惩罚，如此很容易引起别人的反抗。前面第一章中讲过的“孔明挥泪斩马谡”的故事就是一个典型的例子。所以有过必罚，不能优柔寡断、感情用事，这样上下才能团结一致。第二，有功必有赏。部属有功劳而不奖赏，他会产生不服气的心理，以后就不肯立功，甚至造成上下离心离德，难以领导。《说苑》言：“有功者不赏，有罪者不罚；多党者进，少党者退；是以群臣比周而蔽贤，百吏群党而多奸；忠臣以诽死于无罪，邪臣以誉赏于无功。其国见于危亡。”所以有功必赏，可以激励员工，也能融洽上下关系，让部属“鞠躬尽瘁，死而后已”。第三，双管齐下。赏与罚双管齐下，并且两手都要硬。下属取得成绩，及时给予肯定，不吝啬表扬；下属犯了错误，给予指正，并先检讨自己是否教会了下属正确的工作方法。“罚”的目的在于“惩前毖后，治病救人”。这里有一个小故事值得借鉴：有一天，工厂男浴室屋顶灯泡坏了，浴室里一片漆黑，工人吵吵嚷嚷。领班通知电工去换，但谁也不去，领班说：“谁去换灯泡，给 100 元。”一会儿浴室顶上七个灯泡全换好了。厂长说道：“这笔钱从集体奖金中扣。”不但如此，还规定以后公共场所灯泡坏了，若电工们不去换而别人去换，则换一个灯泡就拿奖金，且一律从电工组奖金里扣。这一招果然管用，从此，走廊、厕所、浴室总是亮光光的，再没发生过黑灯瞎火的情况。由此可见，赏罚分明、双管齐下对员工的心理震慑力是何等的强大。

当然，赏罚分明固然重要，但也要讲求公平，否则会引起员工的抵触心理。生命有两个最基本的范畴：尊重与公正。这也是作为个体的人最需要的两样东西，员工也不例外。

总之，在下属的心目中，领导的责任通常与领导的权力是等同的。赏与罚都必须善加运用，并且要公平。这样才能获得部属的信赖和支持，才能调动团队的力量去促进企业的发展。

不用皮鞭而用荣誉去管理

亚伯拉罕·马斯洛是美国著名的心理学家和行为科学家，他认为，在千差万别的人类需要的表现形态中，存在着某些共同的需要，从而创立了“马斯洛需求理论”。这种理论认为，人类有五种基本需要：生理的、安全的、情感的、尊重的和自我实现的需要。这五种需要相互联系并从低到高排列成一个等级系列，前三种是较为低级的。而其中尊重的需要是指“要求名誉和威望，可看成别人对自己的尊重、赏识、关心或高度评价”。自尊需要的满足使人产生一种自信的感觉，觉得自己在这个世界上有价值、有实力、有能力、有用处。

由此可见，满足人的自尊的荣誉是激励员工奋进的一个重要手段。

荣誉，是社会或组织为表彰个人或单位做出的优异成绩而授予的各种光荣称号。它表明一个人的社会存在价值，在人的精神生活中占有非常重要的地位。拿破仑主张对军队“不用皮鞭而用荣誉来进行管理”，他非常重视激发军人的荣誉感。为培养和激发官兵的荣誉感，对于立了战功的官兵，在加官晋爵、授予勋章时，拿破仑总要在全军广泛地进行通报，激励所有官兵为荣誉而勇敢战斗。IBM公司的“100%俱乐部”与“鹰奖”也是成功运用荣誉激励的例子。

所以当管理者用荣誉激励员工的时候，首先要认清荣誉的本质。荣誉的设置是为了奖励先进，表扬贡献，鼓舞士气，是一种激励。既然是奖励先进，就不能搞平均主义。不幸的是，很多企业的荣誉设置常常是“轮流制”——这月你当，下月我当，为了团结，轮流坐庄。“荣誉轮流坐，本月到我家”。这种荣誉设置几乎毫无意义，顶多展示一下企业在管理上的规范性。其次是要明白荣誉是奖励先进的，不是奖励权力的，各级荣誉要分清。再次，荣誉是奖励贡献的，不是奖励资历的，不能论资排辈。许多企业都有这样的固定思维：只要评选，必定先要考虑资深员工，认为如果荣誉不给他们，不仅对不起他们，让他们心理失衡，资格浅的人也不自在，这样荣誉也就成了论资排辈。最后，荣誉需要郑重其事地授予，不能简单草率行事。颁布荣誉需要隆重的仪式，仪式越隆重激励的作用越大。IBM、玫琳凯等著名企业每一次授予荣誉都兴师动众，极为隆重，恨不得让功臣们成为全世界的焦点，因而让员工的自尊心理得到满足。

当然，一个重要的方面是荣誉要与利益挂钩。利益包括经济利益、福利利益、机会利益等等，只有精神奖励的荣誉很难使员工保持持久的热情，荣誉必须要有载体。

总之，设置荣誉，树立标兵，分开等级，奖励先进，是企业常采取的激励员工的方式。荣誉的授予需要精心设计，精心执行，需要高超的技巧。但技巧只是枝节，对员工最根本的激励是企业真正尊重他们，以人为本。这就需要建设良好的企业文化，荣誉也只有在“以人为本”的企业文化中才能长盛不衰，偏离了“以人为本”，荣誉就成了收买人心的“胡萝卜”，虽然短期能刺激员工的积极性，时间长了必然产生逆反心理，失去作用，甚至让员工集体反胃，引发更多的负面效应。

帮助员工消除内心的挫折感

挫折感，是大多数员工在工作中经常会碰到的心理问题。引发个体产生挫折感的原因是多种多样的，既有客观方面的因素，如：大自然的灾害，在组织内得不到上级的理解、信任使得个人才能无法发挥等；也有个人主观方面的生理、心理等方面的因素，如：外貌和体力不佳，过高的抱负、不合理且不符实际的需求等。这些因素都会在某种程度上对个体目标的实现造成困扰，从而诱发挫折感，产生消极情绪和不当行为反应。

员工遭遇挫折后，若能采取积极的心理自我防卫形式，加倍努力，再作尝试，通常会有利于工作的开展，至少不会产生明显的副作用。但是，若员工遭遇挫折后，采取消极的心理防卫形式，则具有巨大的危害：对员工来说，挫折感会损害身心健康，妨碍其正常的工作、生活，生活质量下降，对工作不满情绪增加，甚至发展到最后离开企业组织；对企业来说，受挫折的员工所表现出的种种妥协甚至是消极的心态及行为也将影响到企业的和谐、稳定、发展，导致企业的缺勤率、离职率和事故率增加，工作效率下降。

那么管理者该如何帮助员工走出情绪低谷，重振雄风呢？

首先，管理者应该对正处于挫折中的员工持以宽容、信任的态度。当员工遭受挫折时，大多会丧失斗志，心灰意冷。因此，管理者应对员工持宽容的态度，而不能漠不关心，更不能嘲笑、讽刺，应主动关心员工，帮助员工分析挫折的原因并吸取经验教训。管理者可以引导员工将挫折归因于内部的不稳定因素，如努力不够等，而不宜归于内在的稳定因素，如能力等，同时，应尽量淡化外部因素，以免引起员工的不满等情绪和行为表现。而且，管理者还应充分信任处于挫折中的员工，促使他们重塑信心，为企业发展做出贡献。事实也证明，一个人在遭受挫折后，对来自他人特别是上级的关心、信任，感受最深，同时也能够真正地发挥激励的效用。

其次，管理者可以通过与受挫员工进行单独交谈，认真倾听员工的想法，分析其挫折产生的原因，为其提供战胜挫折的方法和建议，帮助员工找到自己的优势，提高挫折承受力，使受挫者的不良情绪及时得以排除，达到心理平衡。当然，还应考虑咨询者的人选，只有使员工信任、可靠的人员，才能真正、有效地对受挫员工提供指导和帮助。此外，像国外有不少公司还设立了“情绪发泄室”，某些企业还成立了员工心理服务机构，如美国的“员工帮助系统”。在国内，惠普公司为帮助员工塑造一个良好的心境，也与北京同仁医院临床心理研究所成功地进行了合作。这些做法都将便于企业管理者协助员工排遣内心的怨恨情绪和挫折感。

同时，管理者应以鼓励的方式积极地引导、促使员工重新审视自己的职业目标与职业规划，使其理性地认识挫折以及学会有效地应对挫折的方法；帮助员工正确地认识挫折，引导员工采取积极的、健康的心态和行动来应对挫折，以消除挫折感并获得成功；积极地诱导受挫员工保持自信心，改变妥协的、消极的态度，尽快摆脱挫折的不良影响。如果有必要，管理者还可以帮助员工改变受挫的环境，使员工感受到企业组织的关心和温暖，从而协助员工消除挫折感。

当然，从根本上来说，员工的动机受阻，需要不能获得满足，是导致挫折产生的原因。因此，通过心理疏导，对于员工不合时宜的、在当前的条件下无法满足的需求进行引导，使员工自觉地调整不适当的目标，从而避免挫折的产生。另外，还要引导员工正确认识自己的能力、所长及不足，分析实现目标的客观条件，使之自觉地调整行为目标，确定适度的抱负水平，以防挫折的发生。

总之，在挫折面前，除了个人需要克服不理智情绪外，作为企业管理者，要从稳定大局出发，有责任帮助员工越过“挫折”的沟坎。

工作的目的不仅仅在于薪水

在你的下属中，可能存在这样的员工，他们每天都准时来上班，四平八稳地工作，你很难挑出他们有什么大错误。然而，他们缺乏热情，整日行尸走肉般在办公室飘荡，工作马马虎虎，毫不出色。他们来公司上班的目的就是为了薪水，就是为了几个钱养家糊口，他们不是为了工作而工作，不是为了个人理想而工作，他们没有什么积极的追求，他们之所以工作完全就是为了薪水。

薪水的作用是什么？按照心理学家马斯洛的需要层次理论来解释，薪水只是养家糊口、维持基本生活需要的一个手段。薪水是一种低层次的东西，它的功能也仅在于让你通过薪水的购买功能买到生活必需品，维持生存。如果一个人仅仅为了薪水而工作，那么他的生命就失去了精神内涵，人生就失去了光彩。

既然员工工作的目的不仅仅在于薪水，那还在于什么呢？心理学家指出，其实他们还需要追求许多远比薪水更重要的东西：

第一，安全上的需要。这是有关免除危险和威胁的各种需要，如防止工伤事故和有伤害的威胁，资方的无理解雇，生病或养老，储蓄和各种形式的保险，都是员工所要考虑的。

第二，感情和归属上的需要。包括和家属、朋友、同事、上司等保持良好的关系，给予别人并从别人那里得到友爱和帮助，自己有所归属，即成为某个集体公认的成员等。这类需要比上两类需要更精致，更难琢磨，但对大多数人来讲是很强烈的一类需要，如果得不到满足，就会导致心理不健康。所以，员工必须努力工作，积极融入职场之中，融入到企业文化当中，树立荣誉感，建立归属感，寻找精神归宿。

第三，获得尊重的需要。它包括自尊心、自信心、能力、知识、成就和名誉地位的需要，能够得到别人的承认和尊重等。这类需要很少能得到满足，因为它是无止境的。所以员工在这时候更不能把薪金当做追求的唯一目标，而是要树立自信心，建立自尊感。以积极的状态投入到工作当中，不断地创造佳绩，以获得别人的尊重。

第四，要达到自我实现的目标的需要。自我实现的需要应该是员工最高一级的需要。所以员工需要做自己最适宜做的工作，发挥自己最大的潜力，实现理想，并不断地自我创造和发展。而不能产生心理负担，失去锐气。

当然，不仅仅员工自己需要明确目标，明白自己工作的目的是什么，作为中层管理者，也要积极通过深入解析马斯洛的需要层次理论来熟知员工的心理需求，并且利用员工的这种心理需求来采取措施应对员工，唤醒员工沉睡的心灵。

赞美就像荒漠中的甘泉一样令人难忘

怎么样激发员工的工作热情呢？是指出他们的不足，然后让他们奋勇改变呢？还是用大量的赞美语言，让他们更加努力呢？其实很多时候赞美比批评更能激发一个人的潜能和积极配合的愿望。

美国著名企业家玛丽·凯·阿什认为："要成为一个优秀的管理人员，你必须了解到赞美别人可以使人成功的价值。赞美是一种有效而且不可思议的推动力量。"国外很多企业家都很重视赞美的作用，使用各种方式去表扬职工，用口头的、书面的、精神的、物质的种种方法去调动他们的积极性。赞美使人意识到自己的价值，可以增强个人的自信心。如果一个人的每个小成绩都能引起别人的注意，他就会有信心去尝试更困难的工作。

赞美是一种有力的心理暗示，它的力量是惊人的。

某足球队教练将该队队员分成三个集训小组，并在训练时做了一个心理实验。

教练对第一小组队员的表现大加赞赏，说："你们表现卓越，配合度非常高，太棒了！你们是一流的球员。"

对第二小组则说："你们也不错，如果你们运球速度快一点，步伐再稳一点，就更好了。"

对第三小组则说："你们怎么搞的，总是抓不到要领，靠你们，我什么时候才有出头之日呀！"

其实这三个小组成员的素质、能力都一样。但是经过这样一个实验之后，结果第一小组获得最好的成绩，第二小组次之，第三小组最差。

这是个完美的管理员工的例子。由这个例子我们不难看出，赞美对行为有着不可估量的作用。哈佛大学专家斯金诺的实验也充分地肯定了这一点。他认为，赞美不仅仅是奖赏，它是和一些行为的发生相联系的东西，它有着促使某种行为重新出现的趋向。当动物的大脑接收到鼓励的刺激，大脑皮层兴奋中枢调动起各个系统的"积极性"，潜在的力量能动地变成了现实，行为发生了改变。

管理者应该认识到，任何时候都可以赞美别人，赞美对别人来说，就像荒漠中的甘泉。对能干的员工，你可以称赞他的才干；对尽心尽力才完成最低定额的职工，应该称赞他的精神；对勇于创新的人，应该称赞他的开拓精神。工作中需要赞美的场合很多，赞美对自己、对他人的影响都是积极的。因为赞美使对方的心里感到愉快，而因为能使对方愉快，自己也会感到愉快。遗憾的是人们对于司空见惯的事太不注意，没有意识到他们的需要，更没有意识到你可能是唯一能满足对方这种需要而又不费吹灰之力的人。有人说，赞美是一小笔投资，只需片刻的思索与功夫就能得到意想不到的报酬。这话有些道理，但似乎又有太多的实用主义的味道。赞美不应该仅仅为了酬报，它应该是沟通情感、表示理解的方式，如同微笑一样，是照在人们心灵上的阳光。美国作家马克·吐温说："靠一句美好的赞扬我们能活上两个月。"

但是很多时候，管理者却不太注意适时地给予赞美，对别人的工作成绩表现得过于冷静。认为干得好是理所当然的，应该如此，而且以为每个人都应达到同样的水平，忽视了个人之间的种种差异，忽视了个人在取得成绩的过程中所付出的努力。这种管理心理会在无形中挫伤别人的积极性。

之所以出现这种情况，原因很多。没有意识到正面激励对人的促进作用，在工作中就会忽视赞美的作用。这样的管理者可能是严格有余而鼓励不足。莎士比亚说过："我们得到的赞扬就是我们的工薪。"从这个意义上说，每个人都是别人"工薪"的支付者。管理者也应该慷慨地把这笔"工薪"支付给应得的人。我们平时听到的最多的牢骚是什么？不是"太累了"或"太苦了"，而是"干了这么多，谁也没说个好字"。类似的牢骚很能说明问题，人们需要得到"工薪"，而给付"工薪"的人又太吝啬了。

总之，作为一个有抱负的管理者，不论对任何人，都应该根据他的实际情况，看到他的贡献和新的起点，给予真诚的赞美。每个人都需要赞美，主管人员应该善于发现机会，及时给予。

◀ 第四篇 ▶

同级间的心理管理：中基层管理者的平衡艺术

在职场中，同事间的交往是最频繁的。"同事"这个圈子说大不大、说小不小，但是相当复杂，因此要想真正做到与同事和睦相处又谈何容易？但是谁也没有办法回避这个问题，没有办法脱离这个群体，而是要无奈地涉足其中。所以，掌握与同事相处的技巧就显得尤为重要。在这些技巧中，最根本的就是要善于把握好同事间心与心的距离，洞悉同事的心理活动，修炼一套"攻心术"，以便能妥善处理同事间的关系。

第一章　了解同事心理

在“同事文化”盛行的今天，身处职场的人不可避免地要与同事频繁地打交道，并且与之形成微妙的人际关系。因此，在与同事相处的时候，既不能凭着自己的个性，心血来潮，为所欲为，也不能为了避免事端而采取事不关己高高挂起的心态去消极逃避，而要积极主动地去了解同事的心理，注重心灵间的沟通，以便在日后的工作中能够长久地携手共进、友好相处。

在默契中了解同事心理

在与各种人的交往中，如果能相互间培养出高度的默契，将会对彼此都大有好处。唐代诗人李商隐曾写道：“身无彩凤双飞翼，心有灵犀一点通”，形容爱人之间的情感默契。其实不仅在爱人之间需要默契，在同事之间也需要默契。

上下级间需要默契，同事间更是呼唤默契。存在默契，同事间的心理距离将会很近，在相处的时候也会减少摩擦。同事间之所以能够形成亲密的社交圈，是因为除亲人、同学之外，同事是人们最经常接触到的人群。与其交往，彼此了解，安全放心，还有利于工作配合，何乐而不为。

默契是一种不需要语言的感情交流。这种交流需要长期的培养，否则，不但达不到心理默契的程度，还会闹出笑话。下面的小故事就是说的生活中没有默契会产生尴尬。小王第二天要参加毕业典礼，特意买了条裤子，结果发现裤腿长两寸。晚饭时，当着奶奶、妈妈和姐姐的面，小王说裤子长两寸，但她们都没说什么。当晚，妈妈睡得晚，忽然想起小王的话，便悄悄将裤腿剪掉两寸并放回原处。夜里狂风大作，姐姐被惊醒，猛然想起小王的裤子，赶紧剪掉两寸后，再入睡。第二天奶奶起床早，做好饭后，突然想起小王的裤子，急忙拿来裤子剪去两寸。当小王穿裤子时，才发现不再长两寸，而是短了四寸。

这是关于默契的经典案例，把它放在同事间的关系上，也是同样的道理。同事之间在工作中要讲求团队的分工和协作，互相要有默契。默契实际上是一种心里感觉。

默契是在长期的工作关系中日积月累形成的。只要有共同的价值观、共同的目标利益和共同的协作意识，心自然会往一处想，劲会向一处使，逐渐会达成默契。有时，性格不同，或者是工作方法不同，照样会有默契感。能否达成默契的关键是，是否具有共同的价值观。此外，一个人的悟性高低，也会影响到是否默契，若不能及时领悟别人的心思，就很难说有默契了。

不管你和谁在一起合作，要想获得佳绩，第一个条件就是双方十分默契，一起努力。要想达到这个目的，你应该主动和同事交往，和对方建立默契感。其实，在工作中，与同事相处时，做到了解同事并不是件很难的事，因为地位相同而且有很多互相坦诚交往的机会。

只有了解了同事的性格，即相互间已经达到了非常默契的程度，才能明确掌握一个人的心理，也就是说才不会误会了对方。了解了同事的性格，即使他对自己爱理不理，你也能掌握事情的发展。并且当你们之间发生矛盾时，你只要按照其性格进行交涉就不会被对方误解。总之，默契往往能让你的工作顺心愉快。

因此，在与同事相处的时候，你千万要注意培养相互间的默契。默契的人际关系，会给你的工作中的一切都带来无限方便。在办公室，如果你和同事建立了足够的默契，那么你们的心理距离是很小的抑或是百无一碍，你们会根据那份独到的默契在下意识中找到对双方都有利的东西。

基于这份默契，你和同事之间的心理距离会进一步缩小，相互间会更加对彼此的心理活动了如指掌，并对以后的工作产生积极影响。

取悦同事的关键是投其所好

在你的周围，你的上司或同事一定各有不同的喜好。要想在职场得志，必须得左右逢源、八面玲珑才行。要把这一点修炼到家，就必须在待人处事时做到知己知彼，针对不同的人采用不同的方法，投其所好，这样才能使自己立于不败之地。

在与上司相处时，首先要搞清楚他的兴趣爱好、了解其意图、掌握其心思。然后，注意察上司之言、观上司之色，摸清他的喜怒哀乐，在此基础上对症下药，投其所好，尽可能迎合他的心理，满足他的需要。如此，你便能赢得上司的好感，使他有兴趣了解你的能力、考察你的才干，使你受到器重。

同样的道理，对于周围的同事，也要投其所好，这样将会对你大有好处。要知道你的工作离不开同事们的合作与支持，所以，要想与同事合作愉快，就需要在彼此之间建立良好的人际关系。而建立这种良好关系的一个重要窍门就是揣摩他们的心思，摸清他们的脾气，投其所好，懂得取悦他们，这样你就有一个非常好的人缘。

在与同事相处的时候，要注意两个方面：

第一是要找到同事独特的心理特征。世界上的每个人在不同的年龄段有不同的个性，因此，要想投同事所好，就必须迎合他们深层次的心理需求，从下面这个例子中可见一斑：

一天，张女士的小儿子生病了，请来一位医生到家里治疗，然而小孩却咬紧了牙关不愿意吃药，任何哄骗对他都不起作用，孩子仍然不愿意张开嘴。张女士笑着对医生说："医生，从一个孩子的服药能够看出年龄和个性之间的关系。在一两岁的时候给他吃药肯定会哭喊，三岁的时候给他吃药肯定会十分发愁，看起来十分勉强。现在，我的儿子都已经五岁了，他的个性或许变得十分坚强了。咱们还不如改以鼓励的方式叫孩子吃药，想必他为了显示勇敢而笑着把药吃到肚子里去……"于是，医生按照张女士的建议以鼓励的方式叫孩子吃药，结果孩子勇敢地吃下了药。

这个故事说明，每个人在不同的年龄阶段和不同的环境之下是有不同的心理特征的，你只要抓住其心理特征，投其所好，就一定会少一些麻烦，多一些顺利。

第二是要从小处着手。在与同事相处的时候，需要投其所好，但这并不是说要放弃原则，而是要从小事做起。在不丧失原则，坚持立场的情况下，你可以尽可能说一些同事喜欢听的话。比如说，上班的时候，如果你发现你的同事穿了一件新衣服，你就可以赞美他一下："你的这件衣服真漂亮，和你的人非常相配。"但是投其所好并不等于谄媚，并不等于讨好，因此你的赞美一定要恰到好处，不能太露骨。如果你的某位女同事的眼睛并不大，但是你说："哎呀，你的眼睛又大又亮，简直比赵薇的眼睛还好看。"这实际上就是讽刺她了，会让她感到很难堪。

另外，要做到在小事上投同事所好，你还可以在平时上班的时候带一些他们爱吃的食品；如果你的同事心情不错，你就不要说大煞风景的话；如果你的同事心情很差，那你就可以安慰安慰他。通过这些小事投同事所好，会不知不觉间让他们对你产生好感。

站在对方的立场来看问题

站在对方的立场看问题，就是俗话常说的“将心比心”，心理学上称之为“心理位置互换”。站在对方的立场看问题，满足对方的需求，是不变的成功之道。

汽车大王亨利·福特曾说过这样的至理名言：如果成功有什么秘诀的话，那就是站在对方的立场来看问题，并满足对方的需要。这话实在是再简单、再浅显不过了，任何人都应该一眼看出其中的道理，但我们绝大多数人在绝大多数时间都忽略了它，不是吗？工作中，同事之间不免会有摩擦，这时大家试着冷静一下，把自己摆在他或她的位置上来处理这个问题，换位思考一下，你会怎么做？这时的你还是那么生气么？还觉得他或她罪该万死吗？还会认为只有你做得对，他或她一定错了吗？相信这时的你应该不会怒发冲冠了，而是能够理解他或她为何这样做了吧。如果这个时候你能恰当的去做一些满足对方需求的事，那他一定会记住你的恩德，有朝一日，你必将得到回报。

站在对方的立场来看问题，不仅可以使你消除心中的积怨和愤恨，更能促使同事之间的关系和谐。

如果在工作中只顾自己办事方便、顺利，而不去考虑同事的心理，就很容易产生矛盾，而且事情也不会像自己想的那样顺利。因为，心里只想着自己，没想到他人，自己高兴别人未必也高兴；自觉困难，同事可能感觉容易；凡事只从自己角度考虑，矛盾和烦恼就会接踵而来。

站在对方的立场来看问题，让你能看懂身边的一些事和一些人，会使你树立正确的价值观和人生观，而不是处处怀疑别人，时时记恨别人，更能使你身心愉悦，开朗大方，遇到不顺心的事也不会彻夜不眠了，而是多了一份理解和包容。只有站在对方的立场来看问题，才能使你看问题看得更深入、更清楚，而不会被表面现象所蒙蔽，更不会给小人以可乘之机。

作为同事，我们没有理由苛求人家为自己尽忠效力。在发生误解和争执的时候，一定要换个角度、站在对方的立场上为人家想想，理解一下人家的处境，感受对方的心理，就能够以更好、更富有人情味的方法解决问题，也更能加深双方的友谊。

拒绝同事的时候要讲究艺术

在工作中，同事之间是一种相互协作的关系，任何一个环节出了问题，都可能造成满盘皆输。因此，在工作的时候，你必须要履行自己的职责，而不能心存侥幸心理或者推托心理。

身在职场的人一定要懂得别人的心理，在工作时，不能把希望寄托在同事身上，而是要主动去承担责任。

然而，许多情况下，有些人却为了让同事对自己有个良好的印象，或者为了照顾到自己的面子，或者为了给同事一个台阶下，当对方提出某些要求的时候，不假思索地接受了。还有些人不愿意使对方失望，害怕由此而激起对方的怨恨，因此不管什么要求，都喜欢以同意或者顺从的态度来加以满足，这甚至已经变成了一条铁律。

是不是总是迎合、满足别人的要求，就能够营造出和谐顺利的同事关系呢？肯定不是。

你所接受的事情，有时由于受到了各种条件、能力的限制，绝非想办就能够办到的。所以，当朋友托你办事的时候，首先要掌握分寸，分清职责，考虑你是不是有能力做到，否则的话，你不如回答："我不行！"

要知道，一味地碍于情面而夸下了海口，往往会给自己惹来不必要的麻烦。

不过，拒绝对方的要求并非一件轻松的事。事实上，人人都有自尊心，想获得对方的重视，而且不希望对方失望，这就需要你在拒绝同事的时候讲究艺术，不仅要拒绝同事的要求，还要不伤害同事的自尊，更不能有损于和同事的关系。假如你的一位同事想把本来属于他的工作转移到你的肩上来，你先不要出于本能地拒绝："唉，你的事情我可不会干。"为了慎重一些，你应该这么跟他说："我很乐意帮你的忙，可是事情太不凑巧了，我手头的工作还没有完成。我觉得，您的能力与素质能够胜任，最好您自己先干着吧。噢，对了，我能帮上你一些别的什么忙吗？比如，帮您捎一件东西！"像这样不仅有拒绝，而且还有帮助，既合情又合理，自然会使对方知难而退而又说不出话来。

在职场中，要做一个受人欢迎的合作者，明智者就必须要懂得同事的种种心理，根据他们的心理特点知道自己的行为。掌握分寸，分清自己的职责，既不要推诿责任，也不要一味地应承。

大智慧隐藏于难得的糊涂之中

郑板桥说："聪明有大小之分，糊涂有真假之分，所谓小聪明大糊涂是真糊涂假智慧，而大聪明小糊涂乃假糊涂真智慧。所谓做人难得糊涂，正是大智慧隐藏于难得的糊涂之中。"

糊涂不是无智，相反它是人类隐藏着的智慧；糊涂不是无能，相反它是人类一种未曾被启动的潜能。做人要学会糊涂。郑板桥曾道，难得糊涂。"糊涂"的郑板桥其实是个明白人。看破官场腐败、肮脏的他，辞官回乡，以写诗作画为生，潇洒人生，以怪驰名。他能看破，但就是不说出来或做出来。这是一种揣着明白装糊涂的智慧。

同事之间往往会有一些非正式的小道消息传播开来。有时，就需要你学会装糊涂；装糊涂的方法应该灵活多变。"心照不宣"是一种比较高级的装糊涂法，只要你管住了自己的嘴，抑制住你想表现的欲望就行了。有的时候你会被同事当面提及，应该顾左右而言其他。实在被同事逼急了，最好说不知道。有时，会有一种像小偷被别人当场捉住一样的感觉，这没有什么难堪的，只需你双眼无辜地望着同事，同事肯定会怀疑是他的判断失误。

因此，这种"糊涂"实际上就是"明者远见于未萌，智者避危于无形”，是一种少有的谨慎，可以有更多的时间去专注于某项重要的工作，是一种为以后取得胜利的一种策略。在与同事相处的时候，揣着明白装糊涂是一种达观，一种洒脱，一份人生的成熟，一份人情的练达。

另外有一种就是被动装糊涂，是因为你对事情的真相不清楚，还想知道；或者这件事实在关系重大，四处都是陷阱，怕掉下去，只得装糊涂。

有时，从你那里探听情报的同事反而可能掌握一切情况，只是为了得到更多的事实或者核实一下而已。这时，你只能装得“更傻”了。假如你想反过来，从探听者那里获得情报，你更得会装糊涂。只要你多用反问句或者疑问句，“真的?”“是吗?”……同时，充满渴望地望着同事，或者诱导同事继续讲下去，他或许就忍不住把所知道的消息说得一清二楚。一个主管职位空缺以前，关于人选的问题议论纷纷，而你又没有接受过任何正式的谈话，那些日子你感觉像热锅上的蚂蚁。后来，同事问你：“啥时候请客呀？老兄，快要高升了。”这时候，你就要“糊涂”一下：“不要再拿我开心了，你给我发聘书呀?”

这是高明的糊涂。这种装糊涂的办法往往会让你获得极大的主动性，而不会在同事的言论之下产生巨大的心理压力。

有道是“木秀于林，风必摧之”。在一些喜爱卖弄自己才干的同事面前装糊涂好处很多，会让同事对你不会有防御心理和嫉妒心理，从而也不会把注意力集中在你身上，处处给你穿小鞋。然而，不幸的是，现在的人全都想表现自己的小聪明，唯恐别人说他傻。结果逞一时之能，成为众矢之的，反而让自己负上巨大的心理压力。

其实，我们何不“难得糊涂”一下？这种糊涂，不跟别人正面较真，表面上看是糊涂，其实是一种聪明。这里的“糊涂”，并不是真糊涂，而是“假糊涂”，嘴里说的是“糊涂话”，脸上反映的是“糊涂的表情”，做的却是“明白事”。因此，这种“糊涂”是人类的一种高级智慧，是精明的另一种特殊表现形式，是适应复杂社会、复杂情景的一种高级的、巧妙的方式。

不过话说回来，除了装糊涂，有时还要装明白。当财务部的主任笑着问你：“听说，从下个月起，公司的奖金将要调整了?”这件事你并没听说过，然而无风不起浪。假如你说：“没有听说过”。就显得你消息有多不灵一样，这时，你最好问：“怎么，反映很大吗?还没有最后做出决定的事已经传得如此厉害啦，真有灵通人士呀!”在这时，装糊涂也就是装明白，是一种与同事相处的心理战术。

第二章　做好沟通协调

由于同事之间每个人的性格、工作性质、工作职责不同，在各自的工作交往中自然会出现各种各样的小矛盾。又由于同事之间存在一些利益方面的冲突，会使矛盾变得复杂，那么在工作中应如何使沟通变得更顺畅呢？作为职场中人，在与同事相处的时候，一定要讲究沟通技巧，控制自己的心理情绪，与人为善，以诚相待，和同事积极配合，共同应对工作中的问题。

以合作的优势弥补自己的缺陷

人与人的合作不是力气的简单相加，而要微妙和复杂得多。在人与人的合作中，假定每个人的能量都为 1，那么 10 个人的能量可能比 10 大得多，甚至也可能比 1 还小。因为人的合作不是静止的，它更像方向各异的能量，互相推动时自然事倍功半，相互抵触时则一事无成。合作是一个问题，如何合作也是一个问题。

同事合作指的是两个同事或者两个以上的同事为了一个共同的目标而团结起来，一起向这个目标努力。合作和竞争看起来似乎水火不相容，事实却不是那样，合作和竞争有很多相似的地方。合作与竞争，是伴随着人类的出现而一同出现的。合作与竞争发展到了今天，不但没有被削弱，反而随着社会的不断进步，其力度正在不断增强。

在与同事之间的关系处理上，是处处要胜人一筹，还是合作互助？实际上这不单是人际关系问题，而是道德修养问题，也是一种心理状态的外化。同事之间关系和睦融洽，工作氛围健康向上，对每个人来说，都是莫大的好事，对企业的运转和创益也会产生良性影响。

诺贝尔经济学奖获得者莱因哈特·赛尔顿教授有一个著名的“博弈”理论。假设有一场比赛，参与者可以选择与对手是合作还是竞争。如果采取合作策略，可以像鸽子一样瓜分战利品，那么对手之间浪费时间和精力的争斗不存在了；如果采取竞争策略，像老鹰一样互相争斗，那么胜利者往往只有一个，而且即使是获得胜利，也要被啄掉不少羽毛。现代社会中的现代企业文化，追求的是团队合作精神。所以，不论对个人还是对公司，单纯的竞争只能导致关系恶化，使成长停滞；只有互相合作，才能真正做到双赢。

小猴和小鹿在河边散步，看到河对岸有一棵结满果实的桃树。小猴说：“我先看到桃树的，桃子应该归我。”说着就要过河，但小猴个矮，走到河中间，被水冲到下游的礁石上去了。小鹿说：“是我先看到的，应该归我。”说着就过河去了。小鹿到了桃树下，不会爬树，怎么也够不着桃子，只得回来了。这时身边的柳树对小鹿和小猴说："你们要改掉自私的坏毛病，团结起来才能吃到桃子。"于是，小鹿帮助小猴过了河，来到桃树下。小猴爬上桃树，摘了许多桃子，自己一半，分给小鹿一半。他俩吃得饱饱的，高高兴兴地回家了。

故事中的小猴与小鹿，就其个体而言，尽管都有自己的特长，都想实现得到桃子的心愿，可是它们都没有好好地想一想，如果只靠"单枪匹马"是摘不到桃子的。然而，一旦他们组成了一个相互协作的团队后，就出现了取长补短的奇迹——轻而易举地摘到了桃子。因此，为了实现一定的目标，首先应该从心理上端正态度，认识到一个人的力量毕竟有限，只有承认了个人智能与体能的局限性，懂得与同事们进行合作的重要性，在与同事相处的时候才能够有效地以合作伙伴的巨大优势来弥补自己的缺陷，使自身的力量得到质的飞越，才能使自己能够应付来自于各方面的各种挑战。

每年的秋季我们都能看到大雁从北向南以"人"字形作长途迁徙。大雁在飞行的时候，"人"字形的队列很少发生改变，而头雁必须经常地进行更换。

头雁对于雁群的飞行起到了巨大的作用。头雁在向前开路的时候，大雁的身体以及展开的羽翼能够使左右两面形成真空。其他的大雁在头雁的左右两面的真空区域里飞行，那就相当于搭乘一辆已经开动的班车一样，自己不用费多大的力气就能向前行进。看来，成群的大雁以"人"字形进行长途迁徙，要比一只大雁单独飞行省很多力气，而且也能够飞得更远。

同事之间如果能够有互相包容的心理，有接纳对方的心理，很好地相互合作，同样能够产生相同的效果。不过，这需要你以一种接纳的心态做好充分准备，这样一来，你就能通过与同事的合作来实现自己的理想。这就跟你帮助别人爬上了一棵果树，你也同样能够吃到果实是一个道理，并且你越努力地去帮助别人，你就越能吃到更多的果实。

不幸的是，许多自认为不幸的人心理状况却不够积极向上，始终信奉另一种人生哲学。他们坚信，财富是有限的，我帮你获得了，自己也就失去了。应该说，这种人生哲学是享受财富的哲学而并非创造财富的哲学。虽然我们不得不承认的一个事实是：同样大的一块蛋糕，分的人越多，每个人分到嘴里的就越少；可是假如你与同事是在联手制作一块蛋糕，只要保证这块蛋糕能够不断地做大，那么你与同事之间的矛盾也就迎刃而解了，你们之间的心理才会真正交融起来。

沟通是化解矛盾的有效途径

同事和你在一个公司里工作，差不多天天见面，互相之间免不了会有种种鸡毛蒜皮的事情发生，每个人的性格、脾气禀性、优点以及缺点全都暴露得十分明显，特别是每个人行为上的缺点以及性格上的弱点暴露更明显，结果会引出种种矛盾、冲突。这些矛盾和冲突有的是表面的，有的却是背地里的；有的是公开的，有的却是隐蔽的。

同事之间要常通信息，这样才利于团结。一个优秀的企业，强调的是团队的精诚团结，密切合作，因此同事之间的沟通十分重要。同事之间要想沟通好，必须开诚布公，相互尊重。如果虽有沟通，但不是敞开心扉，而是藏着掩着，话到嘴边留半句，那还是达不到沟通的效果。

同事间产生了矛盾并不怎么可怕，只要能面对现实，主动采取措施去化解彼此之间的矛盾，就能缓和同事之间的关系。

你在化解同事之间的矛盾的时候，要采取主动的态度，你可以尝试一下抛开以往对同事的成见，善意地对待同事，至少要像对待其他同事一样地对待他。开始的时候，同事会心存介意，或许会觉得这是一个大圈套而不予理睬。你要耐心一点，没有什么不能解决的问题，把以往的矛盾平息下来的确不容易。

你应该善待同事，慢慢地改进彼此之间的关系，过了一段时间后，表面上的问题就会像阳光下面的水滴一样消失。

假如是深层次的矛盾，你应该主动找同事沟通，并且确认是不是自己不经意间得罪了同事。不过，这需要在你做了许多的内部工作，并且希望和同事和好以后才能这么去做。

但是，往往在公司里能够看到一些同事坐在一起，表面上是为了解决彼此间的矛盾，可是事实上却是双方更加强硬地表达自己的意见。

在你向同事表达自己的意图的时候，同事或许会说你并没有得罪他，还会反问你为何要这样问。

这时，你不妨心平气和地解释自己的想法。例如，你非常看重与对方建立良好的工作关系，或许彼此之间存在某些误会等等。若你的确做了让同事生气的事情，而且同事坚持说你们之间没有任何矛盾的时候，那责任就完全在对方身上了。

可能同事会和你讲述某些问题，然而这些问题并非你所想的那个问题，这时，不管同事讲什么，不妨听同事讲完。

为了表示你理解了对方讲述的话，你最好用自己的话再重述一遍同事说的关键句子。若同事的年龄和资格比你老，你应避免在这时与他当面对质，除非你确定自己的理由非常充分。更好的办法就是在双方都冷静下来以后交谈。你不妨谈些与矛盾相关的问题，而且你还可以用你的方式提出一些问题。假如你的确做了错事并且遭到了对方的指责，就应该重新分析那个矛盾并且真诚地向对方道歉。

与人为善是无形的相助

善待他人是人们在与同事相处的过程中应该遵守的一条基本准则。在当今这样一个需要合作的社会中，人与人之间更是一种互动的关系。只有去善待别人、帮助别人，才能处理好人际关系，从而获得他人的愉快合作。孟子曾经说过："君子莫大乎与人为善。"

与人为善绝不是一种简单的同情心，它是一种无形的相助，一种博大的爱，是一股矫正世俗的春风。道家的始祖老子说得好："上善若水，水善利万物而不争。"（《老子道德经·易性第八》）与人为善者与水一样能善利万事万物，化解人间恩仇；"海纳百川，有容乃大"，与人为善者能包容一切，胸怀博大；"水质透明，清澈见底”，与人为善者白日为善，夜来省己，心如明镜……

在与同事相处的时候，与人为善并不是为了得到回报，而是为了让自己活得更快乐。与人为善其实极易做到，它并不要你刻意做作，只要有一颗平常心就行了。有这样一个故事：说是一个人做了一个试验，他早晨上班来到办公室的时候，对周围的同事笑了一下，没想到，却带来了意想不到的效果，他的上司看到他时对他也笑了一下，他的上司可是从来没对他笑过的人呀。这个人这一天的心情特别好，平时那种冷冰冰的感觉没有了，周围的人都很亲切。而据说，就是因为他早晨的那个笑，感染了身边的其他人。与人为善使你有一种充实感，你知道没有人会故意和你过不去。

与人为善是做人的一种积极和有意义的行为。它可以为自己创造一个宽松和谐的人际环境，使自己有一个塑造个性和发挥创造力的自由天地，并享受到一种施惠于人的快乐，从而有助于个人的身心健康。与人为善可以给我们带来好心情，有益于我们身体健康。现实生活中，有些人不讨人喜欢，甚至四面楚歌，主要原因不是大家故意和他们过不去，而是他们在与人相处时总是自以为是，对别人百般挑剔，随意指责，人为地制造矛盾。只有处处与人为善，严于律己，宽以待人，才能建立与人和睦相处的基础。在很多时候，你怎么对待别人，别人就会怎么对待你。这就教育我们，要待人如待己。

蚂蚁的“抱成团”是共渡难关的智慧

在海边生活的人或许注意过这样一种有趣的现象：几只螃蟹从海里游到岸边，其中一只也许是想到岸上体验一下水族以外世界的生活滋味，只见它努力地往堤岸上爬，可无论它怎样执著、坚毅，却始终爬不到岸上去。这倒不是因为这只螃蟹不会选择路线，也不是因为它动作笨拙，而是它的同伴们不容许它爬上去。你看每当那只企图爬离水面的螃蟹，就要爬上堤岸的时候，别的螃蟹就会争相拖住它的后腿，把它重新拖回到海里。人们也偶尔会看到一些爬上岸的螃蟹，不用说，他们一定是独自费了很大的力气才上来的。

然而，在南美洲的草原上，有一种蚂蚁却演绎出另一幕故事：酷热的天气，山坡上的草丛突然起火，无数蚂蚁被熊熊大火逼得节节后退，火的包围圈越来越小，渐渐地蚂蚁似乎无路可走。然而，就在这时出人意料的事发生了：蚂蚁们迅速聚拢起来，紧紧地抱成一团，很快就滚成一个黑乎乎的大蚁球，蚁球滚动着冲向火海。尽管蚁球很快就被烧成了火球，在噼噼啪啪的响声中，一些居于火球外围的蚂蚁被烧死了，但更多的蚂蚁却绝处逢生。

这两个故事多么相映成趣啊！它们说明了这样一个道理：在团队合作的时候，相互拆台，易事难为；互相弥补，积极配合，难事可成。螃蟹的“拖后腿”，多么像人类中某些人的做法，由于嫉妒心、“红眼病”和一己之私作祟，他们惧怕竞争，甚至憎恨竞争。一旦看到别人比自己强，就拆台阶，下绊子，千方百计竭尽倾轧之能事。其宗旨不外乎一条：我不行，你也别行；我得不到，你也别想得到。于是，有多少发明创造的才智，就这样在无声中被内耗掉；有多少贤能，就这样被埋没在默默无闻之境；有多少“千里马”就这样病死于槽枥之间。蚂蚁的“抱成团”却与此大相径庭，这一抱，是命运的抗争，力量的凝聚，是团结协作的手段，为共渡难关，获求新生所做出的必要努力。无此一抱，蚂蚁们必将葬身于火海，精诚团结则使它们的群体得以生存下来。

螃蟹的“拖后腿”，是不能效仿的；蚂蚁的“抱成团”则抱出了值得人类学习效法的团结启示。身处职场的人，在与同事相处的时候，如果能常将螃蟹的“拖后腿”与蚂蚁的“抱成团”所造成的后果对照起来好好想一想，想必以后该怎样见贤思齐，择善而从，就不言自明了。

坚持原则的同时讲究艺术

在与同事相处的时候，一旦遇到大是大非的问题，如果你是对的，你就一定要坚持原则，因为这时候只有坚持原则，才有可能避免给公司造成不必要的损失。

比如说，在实施一个项目的过程中，某个同事刚愎自用，固执己见，坚持按照自己的方法去实施。然而，他的这种方法存在明显的漏洞，一旦执行下去，必定会走向失败，导致满盘皆输，从而给公司造成损失。而你又敏锐地预见到了这个问题，并且有足够的理由证实同事的荒谬。那么在这种时候，你一定要坚持原则，明确地表达出你的想法，而不必怀着照顾同事面子的想法缄默不语。要知道，也许就是因为你的坚持，才让企业得以生存，创造佳绩。

然而，中国人是讲面子的，在你坚持原则、提出意见的时候，如果方法不正确，就极有可能让对方下不了台，从而导致同事间的关系出现裂痕。

因此，为了照顾同事的面子，你在坚持原则的时候一定要讲究艺术，让事情向着良性方向发展的同时，又让同事能够愉悦地接受你的思路和做法。

在生活中，许多人为了维护别人的自尊心，常常会巧妙地提出自己的见解，让对方心甘情愿地接受，同时又坚持了原则。诺尔曼·白求恩大夫就是这样的人。

诺尔曼·白求恩大夫在生活中很有情趣，说话风趣幽默，平易近人，喜欢和身边的人们打成一片，有时候甚至像个孩子王。但在工作上，白求恩则展现出了他的另一面，坚持原则以致让同事们觉得他有些固执，比如他看到卫生员们用当时十分昂贵的 X 光机给普通病人做检查时，非常气愤，坚决把 X 光机搬走自己保管。在他看来，X 光机主要是给那些需要动手术的伤员急救用的。白求恩的耿直和坚持原则，让人敬佩。另一方面，白求恩也很会机敏灵活地疏通人际关系。有一次，八路军的伤员亟须救治，而周围只有一座法国教堂，那座教堂也是一座教会学校，白求恩试图说服传教士，但传教士却不太愿意将学校变成医院。但救人要紧，睿智的白求恩果断地对传教士说："我已经和上帝沟通过了，他已经同意了把教会学校变成医院。你要是不同意，只好跟上帝谈判去吧！"他用这样睿智幽默的语言很轻易地就说服了传教士。

由此可见，在坚持原则的时候，讲究艺术往往会事半功倍，避免不必要的麻烦。心理咨询师认为，当一个人坚持原则的时候，与之持相反意见的人常常会产生一种对抗心理。你越坚持原则，他的对抗心理就越强，就好像你用双手去推东西，你用的劲越大，反作用力也越大。而当你的手变得温柔时，你受到的阻力就小多了。所以，为了保障事情的顺利进行，为了使同事间的关系得到较好的维护，在坚持原则的时候，你一定要讲究艺术。

借助幽默的力量管理员工

心理学家认为，幽默是人的个性、兴趣、能力、意志的一种综合体现。幽默是语言的调味品，有了它，什么话都可以让人觉得醇香扑鼻、隽秀甜美；幽默是引力强大的磁铁，有了它，便可以把一颗颗散乱的心吸引起来，让每个人的脸上绽开欢乐的笑容。

幽默感是一种了解并表达幽默的能力。幽默是一种艺术，一种运用幽默感来增进你与他人关系的艺术。幽默可以帮助你减轻人生的各种压力，摆脱困境；幽默也能帮助你战胜烦恼，振奋精神，转败为胜；幽默以善意的微笑代替抱怨，使你的生活变得更有意义。

在工作中，当我们对同事所做的事情有不同意见时，我们可以以开玩笑的方式轻松、坦诚地进行表达，这样既能使同事认识到他们的错误，又不至于伤害同事之间的感情。中国人常用这么一句话来排解争吵者之间的过激情绪："有话好好说。"这句话是很有深意的。据心理学家分析，措辞过于激烈、武断是同事之间发生争吵的重要诱因之一，因此，我们在对同事的某些做法不满时，要善于克制自己，委婉地表达自己的意见。如果你面对的是一位不合作的同事，首先要冷静，不要让自己也成为一个不能合作的人。宽容忍让可能会令你一时觉得委屈，但这不仅表现了你的修养，也能使对方在你的冷静态度下平静下来。

同事之间有了不同的看法，最好以商量的口气提出自己的意见和建议，语言得体是十分重要的。应该尽量避免用“你从来也不……”、“你总是弄不好……”、“你根本不懂”这类绝对否定别人的措辞。而应该对同事的错误采用幽默的方式来指出，不但具有幽默的意境，而且会在和谐气氛中收到事半功倍之效果。

一个女员工星期一上班迟到了。男员工问她：“小姐，星期天晚上有空吗?”

“当然有，先生!”姑娘乐了。

“那就请您早点睡觉，省得您每个星期一早上上班都迟到!”

运用幽默的力量不仅可以松弛同事间紧张的情绪，有时候还可以以此避免与同事“交火”。在工作中，同事之间容易发生争执，有时搞得不欢而散甚至使双方心生芥蒂。发生了冲突或争吵之后，无论怎样妥善处理，总会在双方心理、感情上蒙上一层阴影，为日后的相处带来障碍，因此，最好的办法还是尽量避免冲突或争吵。我们可以委婉表达对同事的意见，甚至运用幽默力量，化干戈为玉帛。

小王和小李都是刚进公司的小青年。小王血气方刚，容易冲动，小李则比较沉稳，具有幽默感。一次，两人工作中发生了摩擦，小王怒气冲冲地将小李拉到外面的走廊里，扬言要找个时间选个地方跟小李决斗。

小李说：“单挑我可不怕你。不过，时间、地点及武器由我决定。”

小王同意了。

小李说：“时间就是现在，地点就在走廊里，武器用空气。”

小王一愣，然后哈哈大笑，他要做的只有挠小李的胳肢窝了。

幽默就具有如此神奇的力量，能给你带来很多意想不到的好处。幽默不仅能使你成为一个受欢迎的人，使别人乐意与你接触，愿意与你共事，它还是你工作的润滑剂，促使你更好、更快乐地完成工作。这往往是采用别的方法所不能达到的，也是成本最低的一种方法，我们何不多加运用呢？

控制情绪，减少人际摩擦

每个人的情绪都会一会儿好一会儿坏。在与同事相处的时候，学会控制情绪是你成功与快乐的要诀。

动怒是消耗精力的，也是毫无益处的。平常所碰到的事情或大或小，或者间接或者直接，其中涉及原则的事情本来没有多少，在那些无关痛痒的小事上不要和同事斤斤计较，更不能感情用事。例如，单位里某个同事对某个问题发表了自己的看法，尽管他的观点过于偏颇，你也不用情绪激昂地去和他辩出个胜负来，因为一两句话而伤了同事间的感情，对彼此间的心理造成伤害，实在是没什么必要。

心理医生认为，感情要经常受到理智的支配，情绪性很强的人往往被认为神经质，他们容易给别人造成一种不合群的感觉，人缘也随之离他而去，唯有言谈举止一直保持常态，在公共场合随圆就方，才能在社会上赢得公众的认可。

如果一个人不能控制自己的情绪，那么就难免为别人的过错和无知生气。生气再生大一点，就变成了“愤怒”。愤怒所表现出来的情况有：找同事理论，打电话把同事痛骂一顿，马上找人申诉，警告胁迫同事，干脆以拳头暴力来解决争执。还有人摔东西、踢桌子或者踢狗、暴跳如雷等等。俗话说“气能伤身”，当你生气而且情绪激动的时候，往往瞳孔会放大，心跳会加快，呼吸也会急促，有的人生气时咬牙切齿，浑身发抖……这时，非常容易感情用事，结果害人害己，产生了不能弥补的遗憾。

小曹和小凤在同一家公司的同一个部门工作，她们分别负责销售统计工作的制单和核单工作，也就是说小曹负责填制单据，然后交由小凤核对后，才能发货。这是两个联系密切的岗位。一天午餐时，小曹无意中说了一句话伤害了小凤，自己却未察觉，而小凤碍于面子未当面指出，却耿耿于怀。后来恰逢小曹填制单据时出了错，小凤核对时发现了，因在气头上，她故意不予指出。结果发错了货，给公司造成了损失。小曹受到处罚，小凤也难逃责罚。事后，小凤为自己的心胸狭窄、意气用事懊悔不已。

在工作中，每个人都会遇到心理问题，都有感到不顺心、不如意的时候。这时，我们只有冷静处理，才能把问题圆满解决。那么，具体应该怎样做呢？第一，忘掉旧怨新仇，化“敌”为友，握手言欢，和同事愉快合作。大家保持健康的心态，和睦相处，才能减少人际摩擦，增强集体凝聚力。心中无芥蒂，脸上有笑容。第二，忘掉自己的资历，从“元老”二字中解脱出来。保持进取精神和饱满的工作热情，别躺在“功劳簿”上睡大觉。第三，忘掉在工作中所有的不顺心。将种种不愉快、不顺心的事统统抛之脑后。第四，用平常心看待职场得失。职场受挫不可怕，斗志消亡才可悲。应抱着“这不是失败，只是暂时未成功”的心态，持之以恒地努力，困难定会迎刃而解。

在大是大非上不可无原则地妥协

心理学认为，人在某个时期易出现个性心理结构发展不完整的矛盾，这种矛盾的表现是多方面的，主要表现在性格缺陷上或人际关系中。如果表现在工作中，常会出现工作兴趣不能正常发展；表现在性格上，易产生怯懦、退缩、自卑、自私或傲慢等性格倾向；而表现在人际关系中，易从众、随大流、委曲求全。心理学家还发现，人之所以走不出委曲求全的思维怪圈，完全是因为不够自信，意识不到自己的基本权利。

假如你的上级下达了一项工作任务，让大家务必出色地完成，你的某位同事是这个项目的负责人。一开始，大家都投入了十足的热情，全力以赴地操作这个项目。但是突然有一天，出现了问题，在某一个关键问题上，你和这位项目负责人的意见发生了分歧，你坚持自己的意见，而你的几位同事乃至上级却都站在了他的一方。

在这个时候，你不妨先冷静下来，仔细地权衡项目发展的趋势，你们各自的意见对项目的操作产生的利弊。如果你发现自己确实有错误，那么不妨勇敢地承认，真诚地服从他们的意见，与他们共创辉煌；但是，如果你发现自己的意见确实是正确的，那么你就一定要坚持立场，不要无原则地妥协，不要害怕失去同事对你的好感。

有道是，有理走遍天下。如果你的立场是正确的，你完全可以跟同事讲清个中的道理，以理服人。同事和你身处同一个圈子，对工作上的是非应该是具有一定判断力的，并且大多数人也能够理性对待你的建议。

有这样一个故事，可以说明人对于合理性的追求：

已饱餐一顿的狼发现一只绵羊倒在地上，狼知道绵羊是因过分害怕而昏倒了，就走过去叫它不要怕，并答应绵羊，只要绵羊说出三件真实的事情就放它走。于是绵羊说出了下面三件事：第一是不想遇到狼；第二是如果一定要遇到，最好是只瞎眼的狼；第三是希望所有的狼都死掉，因为绵羊对狼丝毫没有恶意，而狼却常来攻击绵羊，欺负我们。那匹狼思索了一阵子这只绵羊的话，觉得它说的有道理，于是，就给了这只绵羊一条生路。

诚然，只要你的话是真实的，不是虚妄的胡扯，能经得起时间的检验，甚至是不变的真理，又有谁能够与你的意见为敌呢？

在工作中，要学会沟通，与同事和平相处，但在大是大非上，不要无原则地妥协，而是要坚持立场，以理服人。

用真情消融同事间的隔阂

当你和某些同事存在隔阂的时候，你最好不要消极地采取长期冷战的方法，那实际上是一种逃避。因为同处一个屋檐下，为同一个企业工作，接触的是同一个圈子的人，你不可能完全与他们断绝联系。于是，当某个时候，因为工作关系你必须和他们合作时，就会产生障碍，影响工作进程。

在这种时候，应该通过合理的手段让你们之间的坚冰化解。以理服人是一个不错的手段，但是以理服人并非对每个人都有用。有这样一种人，你越跟他们讲道理，他们越懒得理你，认为你是居高临下，至少是不够低姿态，让他的自尊心、虚荣心得不到完全的满足。然而，这种人中大多有这样一个“致命”的弱点，他们吃“软”不吃“硬”，当你以“软”的手段对付他们的时候，他们反而不知所措，很容易就臣服了。

这个“软”字，说到底就是以情动人，以感情打动同事的心。

刘备就是一个善于以情动人的典型。以今天的眼光看来，刘备虽然智商不高，但其情商超群。民间有谚语曰：“刘备的江山是哭出来的。”这个“哭”，就是刘备以情动人的杀手锏，刘备在大风大浪中把这招功夫练得登峰造极，从而为自己谋取了不少的好处。刘备确实会哭。徐庶离刘备而去，刘备“泪如雨下”，哭得徐庶推荐孔明；与赵云相别，又哭，把赵云哭到麾下；三顾茅庐，孔明仍不出山，又用“哭”得了孔明。他在哭中，得民心，网人才，固友情。其实，拜见孔明时，刘备已领兵上万，今天看来也算个师长军长，能如此恭敬年龄二十多岁的一介书生孔明，别说今天的许多显贵们做不到，就是那些刚刚脱贫的小老板也觉得丢份儿。而孔明这种大智大慧的人最终也为刘备的真情所感动。

由此可见，以情动人，确实是一件有力的武器，当运用得好的时候，可以为自己赢取许多利益，减少不少障碍。在工作中，我们不是非要像刘备那样用哭去打动他人，而是要明白在与同事相处的时候，如果你和同事之间有了芥蒂，在以理服人无效的时候，你可以以感情来打动对方的铁石心肠。

当然，这种以情服人并不是靠眼泪的力量，而是要靠你时时关心同事，以德报怨，不和他（她）斤斤计较，不和他（她）斗气。在工作中，主动为他（她）排忧解难，给予必要的帮助。

没有人完全冷血无情，也没有人是真正的铁石心肠，人都有一种渴望与人亲近的心理，只要你真诚地与你的同事沟通，一定能化解那些不愉快的情绪，协调一致地开展工作。

第三章　正确处理同事间的各种关系

办公室是一个复杂的地方，正所谓："人上一百，形形色色。"什么样的同事都可能存在，加之同事之间有某些利益的冲突，因此相处起来并非容易。但是，只要你懂得与同事相处的方圆艺术，在工作中加以巧妙地利用，你就能处理好与同事间的各种关系，左右逢源，不会受到心理伤害。

同事关系中的进与退

俗话说，"父母无法选择，但丈夫可以选择"，把这句话套用到工作中，可以改为"职业可以选择，同事无法选择"。同事究竟是相互扶持的同行，还是彼此竞争的对手？得到心仪的工作本来就不易，正准备大干一番时，却赫然发现，怎么会有那么多的对手。

如果把工作场所比喻成一片汪洋，每个在大海中奋进的泳者，除了锻炼自己的泳技，也要顾虑潮汐起伏，行有余力，还可以当个救生员来拉同事一把。然而并不是任何人都可以胜任救生员的工作，毕竟想要救人，得先学会自救。

身在职场，你有过这样的经历吗？在企业中，资历不如你、业绩不如你的同事纷纷得到升迁，而你总是被委以最没有人愿意干的工作，却得不到应得的报偿；你总是谦虚待人，坚守自己的做事原则，却被人误以为是老实可欺；你做事一贯兢兢业业，有一天却突然发现，平时要好的同事竟然出卖了你，于是上司劈头盖脸地一通指责，你只得默默承担。

麻烦接二连三地发生，却偏偏总是牵连到你，你会从内心感到忍无可忍。当你努力压抑心中越来越多的愤怒时，有些好事者却在一边幸灾乐祸。同在一个屋檐下，面对这种事情，你该怎么办呢？

有一句话说得好："如果你是一匹斑马，必要的时候，还得表现得像一头狮子。"因为，当你面对竞争或冲突时，不能保证斑马永远是和一群斑马在一起，所以，当狮子出现，你就得装扮成一只狮子，至少对真正的狮子有威吓的作用。

在同事之中，有一种人总牢骚满腹、怨气冲天。尽管偶尔一些"推心置腹"的诉苦能多少构筑出一种"办公室友情"的假象，但喋喋不休的抱怨会让身边的人苦不堪言，因为他们把自己的苦闷克隆了一份。另一种人的嗜好是"散播谣言"，工作间里一些小打小闹式的玩笑无伤大雅，但要警惕它们发展成为令人生畏的闲话，乃至伤人的谣言。很多不懂得三思而后语的人，无意中成了各种流言的推波助澜者。

这些还算好的。最可恶的也许是在你面临升职之际，有些心理不健康的人，会说你一定是踩着别人的肩膀爬上去的，要么就说你与上司有着不可告人的某种关系；你创造了最佳业绩，受到公司领导的重奖，又说你是造假“英雄”；你与上司吃顿饭，马上变成了“马屁精”。

在工作中的确有一些人气得你真想离开这个群体，可仔细想，生存最重要，还是忍忍吧。如果每次都动气的话，估计早就气死几回了。

许多人一听到职场争斗，第一个反应就是避而远之，不愿卷入工作中的尔虞我诈，遗憾的是，那些想要明哲保身、图个耳根清净的同僚，最后还是不能脱离是非圈，甚至可能连工作都莫名其妙丢了。可见，逃避不是解决问题的好办法，只能鼓起勇气坦然面对。

曾有一份调查显示，约六成的中层管理者每星期都会生一次气，甚至一成半的人每天都在生气。原因是许多人每天一早就要忍受塞车之苦，抢占停车位，看不惯同事居功诿过等等，造成在工作中的怒火一点就燃。

这项调查也发现，每天生气的人除了有身体健康上的困扰，还伴随着心理的忧郁、焦虑、恐惧，并且对别人较有敌意。

其实，职场向来就是“是非”多发地段，在这样的环境里工作，若不学会调适自己，活着岂不是太痛苦了。既然生气会带来负面情绪，还会影响健康，何不想办法与工作中的怒气说声再见呢?

不管怎样，同事之间没有必要非得来个刀光剑影或你死我活，这样做，虽然解了一时心头之恨，但假若自己技不如人，败下阵来，倒霉的还是你自己。有句话“忍一时风平浪静，退一步海阔天空。”良好的人际关系、适当的情绪管理，是为工作加温的良方！

同事关系的误区——“小圈子”

人是一种害怕寂寞的群居动物，有一种渴望与人交往和亲近的心理需求，因此，在潜意识中希望与别人走近。但是，人又是有隐私的，他们需要有一片属于自己的心灵空间，对于过于亲近的交往又有一种自发的排斥性。

进入职场之前，你的家人和朋友可能都会告诉你，要与办公室的同事保持适度的距离。对待同事要一视同仁，不远不近。但没过多久，你可能会发现到，有几位同事对你真的很好，而你也觉得他们不错，于是逐渐来往频繁，甚至成为无话不谈的朋友。直到有一天，你从别人多少有些异样的眼神中发现，自己已经被看成是“××小圈子里的人”。

这种“小圈子”不但没能使你有归属感，反而让你有一种落入“陷阱”的感觉。但即使如此，你也不能背叛他们，否则，你就会像做了叛徒一样难受。于是，你被一种说不清、道不明的纠结心理笼罩。

“友谊”与“背叛”的较量使你的行事原则不断被打破。慢慢地，你就觉得人与人的关系变得越来越复杂，自己的空间也变得越来越小。

知道自己为什么会处于这种窘境吗？原因是你误入了职场常见的人际关系的误区——“小圈子”。

这种“小圈子”往往是在群体利益冲突中形成的一种利益共同体。这种“利益共同体”与其他利益共同体没有什么区别。在外人眼里，“小圈子”里的人就是一伙儿的，当产生利益冲突的时候，他们肯定会站在一起。所以，你不必指望外人会把这种感情等同于友谊，友谊常常是与“平淡如水”相联系的，而小圈子里的人的情分却总难摆脱与利益的关系。

在工作中，不要走进这种“小圈子”，也不要与你的同事们过分疏远，因为过分疏远的关系会让人觉得你很孤傲，不容易相处，从而对你敬而远之，让你最终陷入孤立的境地。无疑，在与同事相处的时候，过分亲密和过分疏远的距离都是不太合适的，都会对同事间的感情造成负面影响。如果你想避免这种情况的发生，不妨从“刺猬”法则中学习一点相处之道：

森林中有十几只刺猬冻得直发抖。为了取暖，它们只好紧紧地靠在一起，却因为忍受不了彼此的长刺，很快就各自跑开了。可是天气实在太冷了，他们又想要靠在一起取暖，然而靠在一起时的刺痛，又使它们不得不再度分开。就这样反反复复地分了又聚，聚了又分，不断在受冻与受刺两种痛苦之间挣扎。最后，刺猬们终于找出了一个适中的距离，可以相互取暖而又不至于被彼此刺伤。

“刺猬”法则简单地说，就是同事之间不可太过亲密，从你走上工作岗位的第一天起，就要学会对每一个同事都一视同仁，学会与所接触的每一位同事都保持一种和谐又不过分亲近或过分疏远的关系。这样，你就拥有了一个良好的、广泛的职场人际关系，也为自己的个人发展拓展了广泛的空间。

此外，还需要注意的是，在对待同事之间的人际关系问题上要学会观察。首先要搞清同事之间的各种关系，是是非非不要去作判断，更不要介入其中。对于有些拉拢你的人要小心，不要意气用事；对于有些持有敌意的人要泰然处之。在工作中与所有的同事和谐相处，积极参加大型集体活动，少参与“小圈子”的聚会，会为你的工作创造良好的环境。

正视同事间的嫉妒心理

嫉妒是一种比较复杂的心理。它包括焦虑、恐惧、悲哀、猜疑、羞耻、自咎、消沉、憎恶、敌意、怨恨、报复等不愉快的情绪。别人天生的好身材、容貌和逐日显示出来的聪明才智，可以成为嫉妒的对象，其他如荣誉、地位、成就、财产、威望等有关社会评价的各种因素，也都容易成为人们嫉妒的对象。

嫉妒几乎人人都有。它是人们普遍存在的心理病症。从本质上看，嫉妒心理是一种不健康的心理。无论是何种形式和内容的嫉妒，都有害于正常的人际交往及健全的社会生活。在日常生活中，我们不知不觉地受到别人的嫉妒。在职场中，我们更容易遭到别人的嫉妒，因为在这里，同事之间始终存在着竞争心理。

“人怕出名猪怕壮”，这是一句中国人都非常熟悉的话。曾经有一位科学家把这句话翻译给美国学者听，那位学者非常吃惊：“为什么中国人害怕出名，中国的猪害怕肥呢?”想说清楚这个原因，说难也的确很难，说容易也非常容易，容易到只说出两个字就足够了：嫉妒。

当你做出了突出的贡献或者有某种长处因而被同事嫉妒的时候，你首先要学会自我调节，正确的调节办法是：

首先做到大度从容。只要你自己认为做得很对，就要从容地走自己的路，让同事随便议论去吧！例如，宋朝宰相吕蒙正头一次上朝的时候，曾经有位官员在背后指着吕蒙正说："那个小子就是宰相吧！"有好事的官员想追查出那位骂人的官员，吕蒙正笑着说："那又何必呢？真的知道了他的姓名，就会一辈子也忘不了，还是不知道的好。况且也没有什么损失！"像吕蒙正这种大度的心胸是很值得职场中的每一个人学习的。

其次是把同事们的嫉妒看成是自己的荣誉与值得骄傲的地方。你一定要记住，同事们的嫉妒，和由这种嫉妒激起的各种责备与围击，其实都是用变态的方式来表达某种无能。这种嫉妒事实上是以一种非常极端的方式，通过诋毁你的成功与长处，来掩饰和弥补他的缺陷或无能。事实上，嫉妒是对你的成绩的一种负面形式的肯定，而绝不是来自于客观的批评。就是因为这样，你用不着在意这些嫉妒，反而要十分坦然和骄傲地和同事们在一起相处，而不要有什么顾忌。

再次是把同事的嫉妒变成自己的驱动力。有些时候，同事对你的嫉妒，或许就是一些刻薄的挑剔或者鸡蛋里挑骨头。这是很正常的事情。有许多人经常需要借助这种来自嫉妒的挑刺，来"贬低"自己所获得的成绩，从而再确立一种更高的目标。因此，正确的忍耐就是要把同事对你的嫉妒变成自己的压力或者驱动力，把它当成自己向前发展的台阶。

最后是不要刺激同事的嫉妒心。嫉妒的心理，应该回避而不应该刺激它。它就像蜂窝一样，只要捅一下，就会惹来麻烦。只要你不去捅它，它就能够保持原状。

当你取得成功之时，对嫉妒的人来说可能就是一种打击、威胁。那么，你在和同事相处的时候怎样才能消除对方的嫉妒心理呢?

要想办法使嫉妒你的人注意力转移。你可以向他（她）袒露自己获得成功的艰辛，甚至为了获得成功所遭受的不幸，或者获得成功后还存在的窘境，这样就会使嫉妒你的人感到你的成功并没有对他（她）构成威胁，他（她）的心理就会渐趋平衡。

同时，你可以求助于嫉妒者，特别是在嫉妒者所擅长的事情上请他（她）帮忙，使他（她）感到有一种成就感和满足感。你还可以在某些事情上故意谦让或认输，表现出自己在某些方面比不过他（她），这样他（她）就会减弱对你的嫉妒。另外，你还可以在一定的场合中，适当地赞扬他（她）的优点，而且态度要诚恳，语言要中肯，使他（她）感到没有必要去嫉妒别人，大家各有所长。

还有一个办法就是在你成功之时，让大家共享荣耀，千万不可居功自傲，心安理得，自以为是。你应该真诚地邀请大家，特别是那些嫉妒你的人，用一种符合当时大家心理状况的形式，如请客吃饭或喝咖啡，去卡拉 OK 等等，融洽彼此的感情，缓和紧张的气氛，分享你的快乐和荣耀，嫉妒者的心理就会得到平衡。

拉帮结派的心理透析

有些人好像天生就善于拉帮结派，他们广泛地遍布于社会的各个角落，大家对这种社会现象很熟悉。是什么原因使得他们总想把自己和同事们捆绑在一起呢？难道是他们十分关心同事们吗？不是。是因为他们自身过于强烈的欲望以及个人的能力很低造成了强烈的反差。

也就是说，是因为对自己的自卑以及对强人的嫉妒。由于自卑，这种人需要在同类中获得帮助；由于嫉贤妒能，他们希望看到比自己强的人遭受失败的挫折，用别人的牺牲来慰藉自卑，如果想达到这样的目的，最好的方法就是纠集同类来群起而攻之。自卑情绪强烈地压迫着这种喜欢拉帮结派的人，深刻地影响着他们的行为以及对生活的态度，使他们觉得自己的目标还远远没有实现；而且他们对于自身的过低评估以及他们对生活不的不满意，更加频繁地向他们提醒着这一点。

事实上，他们很可能比别人拥有得更多。他们所表现出来的被忽略感只能说明他们的虚荣心。

没有嫉妒之心的人少之又少，谁都不能完全摆脱。当一个人在饱受痛苦时，当一个人感受到压迫时，或者当一个人囊空如洗时……嫉妒往往会死死地缠住他们不放。也就是说，当一个人或者一个群体的活动受到太多的限制时，嫉妒也就产生了。尽管人们的道德禁止人们怀有嫉妒心，然而人们的精神心理却没有成熟到能够抛弃嫉妒的程度。当嫉妒以最使人不快的形式出现的时候，人们并不懂得用何种方法来避免这种嫉妒和仇恨。

那么当你在职场之中，不幸遇到这种类型的同事的时候，又该如何应付呢？心理咨询师指出，可以运用以下四种办法解决：

1. **对戏弄视而不见**

爱拉帮结派的人最善于在同事的背后拟定各种作战计划，并且故意去招惹同事，以诱骗同事掉到陷阱里。这时，你可以采取视而不见的方法，也就是采取精神战术，让这种同事无功而返。如果你不把它当成一回事，仍然我行我素，他们根本无计可施；如果你怒发冲冠，则正好中了他们的计。

2. **以虚荣心为突破口**

爱拉帮结派的人虚荣心很强，十分看重别人的眼光，甚至会过分地重视，结果成天生活在紧张兮兮的气氛中。假如你能善用他们的这种弱点，那么他们就不敢太张狂了。

3. **让这种爱拉帮结派的同事出丑**

这种爱拉帮结派的人最恨的就是不愿意和他们同一个鼻孔出气的人，常常使用种种卑劣的手段来打击同事，看到同事软弱可欺的时候，最惯用的手法就是成群地发起围击。他们害怕同事站起来坚决地反对他们，因此，面对他们要以强硬的态度进行顽强的斗争，假如意志不坚或者一味地回避，就很容易变成他们欺负的对象。他们害怕在人们面前出丑，因此，对付这种同事的时候，应该试着在众人面前痛斥他。不过，值得注意的是，使用这种方法的时候，态度必须强硬，绝不能姑息迁就，因为退缩的意念会减弱你的攻势，不仅没有多大的效果，还会遭到报复。

4. **吓唬爱拉帮结派的同事**

这种爱拉帮结派的人很害怕那些有权威的人，因为平日里凭借团体的力量来保护自己，只要离开了团体，又碰到了比他地位高的人，常常会有自卑感。因此，你最好利用这种同事的弱点，给他们来一个下马威，吓唬他们说要揭发他们的丑行，使他们懂得“邪不压正”的道理。这是对付他们的好办法。使他们知道你也不是弱者，这样以后才会有好日子过。

谨防被面慈心恶的小人欺骗

所谓小人，就是那些为人处世不够光明正大，喜欢背后伤人的人。古往今来，不管在哪一个领域都存在此类人物。他们为了一己之利，常常作出让正人君子所不齿的事情。

丁倩对此深有体会。在公司里，她最好的朋友是凤姐。丁倩到公司的第一天，待她最热情的就是凤姐。这对于一个刚离开校门踏入职场的新人来说，当然备感温暖。

时值年底，公司要准备一场宣传活动，老板点名让丁倩来做策划，目的是想借此摸摸她的底。丁倩当然明白老板的用意，所以她对这次活动的整体构思和策划都非常用心。而在此之前，公司的活动策划都由凤姐一人担当。凤姐经验丰富，八面玲珑，尤其是那娴熟的待人处事方式让她有着极好的人缘，公司里的人通常都会对她谦让三分。

在做策划书之前，丁倩主动去请教凤姐。凤姐很诚恳地告诉丁倩，要抓住这个来之不易的机会，好好表现自己。如果愿意，策划书做完以后，先给她看看，这样有不妥的地方可以及时纠正。她的一番贴心话让丁倩感动不已，庆幸自己遇到了凤姐这样的好姐妹。

丁倩凭借自己的聪明才智和畅通的信息渠道，不久就做出了一份极其新颖、出彩的策划书。丁倩迫不及待地把策划书拿给凤姐看。凤姐看着策划书一言不发，这让丁倩心里发慌。在丁倩的一再要求下，凤姐终于开口：老板是个保守之人，工作作风非常严谨、认真，有时甚至有些吹毛求疵。虽然你的创意很新，但与老板的风格格格不入，恐怕很难通过。

丁倩对凤姐的及时提醒千恩万谢，回家赶紧把策划书按稳妥路线改得面目全非。

几天后，丁倩把修改后的策划书交给了老板，老板鼓励性地说了几句"不错"后再没下文了。第二天，公司业务会议上，老板对丁倩的策划书只是一句带过，紧接着就让凤姐来谈谈对这个活动的设想。凤姐不慌不忙地开始陈述自己的想法。丁倩越听越觉得似曾相识，这不是自己先前做的策划书吗？只不过凤姐从专业角度进行了润色而已。等凤姐讲完后，老板对她的建议极为欣赏，称赞她有创新精神，还说这些建议一改以往老套沉闷的路子，让人耳目一新，末了还加了一句："姜还是老的辣"。这时的丁倩脑子一片空白，眼睛直愣愣地看着凤姐，而凤姐则以和善的笑容回报丁倩，眼神中露出一丝不为人察觉的狡诈。

这种面慈心恶的小人最可怕，表面上你很难看出他们的阴险用心。这种小人也最危险，因为他们很会“包装”：开始的时候，他们看起来是那么和善，那么富有诚意，对你又那么关心，你可能感动得恨不得把自己的一切都告诉他们。而一旦你跟他们的利益发生冲突，他们就会狠狠地踩你一脚，让你防不胜防。

自古以来，君子常常斗不过小人。小人的各种卑劣手段层出不穷，而君子要忙于正事，无暇分心与小人纠缠。所以，在日常工作中，要认清小人的特征，加以注意，与其保持适当的距离。这样，你就不会被那些当面一套、背后一套的小人所伤，你的职业生涯也不会出现许多令人伤怀的波折。

巧识有神经质的人

一般来说，假如个体能和社会的环境相适应，就具有正常的人格。然而，总有少数人不能适应社会环境，为人处世、情感反应以及意志行为都和正常人不一样，也就是说他们患有人格障碍。在职场中，这群人被心理学家称之为“豺狗”，他们患有神经质，存在极大的人格障碍。

在与神经质型的同事相处的时候，你会发现他们行为怪异，喜欢表现自己，惹人注目，情绪带有戏剧化色彩，并且有非常好的艺术表现才能，爱哭爱笑，演技逼真，有一定的感染力。有的人管他们叫“伟大的模仿者”。他们经常对身体吸引力很看重，表现做作的行为，严重的时候装腔作势，以引起别人的注意。他们具有极强的暗示性与幻想性，看重自己心中既定的公式，强迫自己执行。这种人喜欢幻想，往往把想象当做现实，当缺少足够的现实刺激时，就往往利用幻想来激发内心的情绪体验。同时，他们情绪变化大而且狭隘，感情十分敏锐，情感极其丰富，热情有余却沉稳不足，情绪炽热却不深沉，所以他们的情感变化无常，经常激情失衡。对于很小的刺激，都会有情绪激动的反应。他们嫉妒心强烈，甚至把父母、兄弟都看成敌人。此外，他们具有近乎变态的心理，视玩弄别人为目的。玩弄种种花招让别人就范，如强求、欺骗等等，甚至有不适当的性挑逗或者自杀行为。他们的人际观念很淡漠，不顾别人的需要与利益。在日常工作中，他们极端自私，疑神疑鬼，不信任任何人，不允许别人走到自己的象牙塔里。他们喜欢别人的注意与夸奖，当他们不是别人注意的中心时，就觉得非常不舒服，严重的时候会攻击他人。

心理学上指出，一个人的行为是受其思想驱使的。当一个人的心理出现病态的时候，其行为必定会出现异常，神经质型的人也不例外，那么他们的外在表现有哪些呢？

当你看到某个同事频繁地出现以下行为的时候，就基本可以断定他（她）具有神经质。第一，不断地查看抽屉。他总会觉得有人在监视自己，认定在自己外出的时候，有同事翻看了自己的抽屉。同事替他沏茶，他却生怕茶里有毒而不敢喝。第二，他的资料或物品不许同事们动一下。他喜欢不停地整理东西，每当离开办公室又返回以后，总觉得有人碰了他的东西。第三，早晨工作以前行为琐碎。他每天都会争取头一个到办公室，并且一到办公室，肯定会先上洗手间，并且一天要洗好几次脸。第四，躲到背后搞恶作剧。常常趁别人（特别是女同事）不在的时候，把女同事的手提包偷走，放到自己的抽屉里。有的女同事由于手提包里放了重要的资料，经常急得痛哭流涕，而通常在第二天手提包就会自动回到女同事的办公桌旁。

如果你遇到这种神经质型的同事，确实是件不幸的事，但还是有办法对付他的。第一条秘诀是不能用好奇的眼光看他。他最讨厌有人注意自己的举止，因为你的眼光会使他全身别扭，有被监视的感觉，因此，碰到患有神经质的同事时，要尽量避免以好奇的眼光看他。第二个要点是不能附会应答。“豺狗”型的同事在自言自语的时候，千万不可附会应答，因为平时很少有人愿意理他，如果你顺口应答，会让他误以为找到了知音，今后就会缠住你不放，经常和你交谈，时间一长，危险系数肯定会提高。第三个办法是采取回避的态度。并不是静静地听他说话就不存在危险性，假如你的表情不对头，或者点头的时机不对头，神经质型的同事会有受辱的感觉，甚至会忽然疯狂地向你发动攻击，因此，最好采取回避的态度为妙。这种同事的行为常常是不能理喻的，不管你怎样诚恳，他都有可能忽然向你发起攻击，所以，应该尽量避免和这种同事来往。

以静制动应对挑拨离间者

如果在你的同事中，有爱挑拨离间的人，你可一定要小心了，他们给公司带来的破坏和影响是巨大的，只要稍不注意或者处理不妥，就会搞得互不团结，所以说，挑拨离间者具有极强的杀伤力。

那么在与同事相处的时候，我们该如何识破那些挑拨离间人的嘴脸呢？他们具有什么样的特征呢？

爱挑拨离间者以告密为手段。现实生活中爱挑拨离间的人，常以“告密”为快。他们想通过这种方式让人觉得他们是“知己”。同时，又巧借别人的摩擦力量达到离间的目的。被离间者的利益受损是绝对的，一般而言，离间者只有使被离间者在表面上知情，而不能在根本上知底，这样才能达到他离间的目的。爱挑拨离间者总是喜欢用告密、造谣等卑鄙的手段搬弄是非，如果被挑拨的双方都心地坦荡且冷静，那么这类挑拨离间者就不能“坐山观虎斗”，也就达不到其不可告人的目的。然而，如果被挑拨的双方有一方心胸狭窄，受了别人的唆使，那么同事间的关系很可能就会恶化，甚至发展到不可收拾的地步，这样一来，挑拨离间者正好可以坐收渔翁之利。所以在工作中一定要头脑清醒，冷静客观地处理各种人际关系，千万不要轻易受人挑唆，对那些爱挑拨离间的同事更应该加倍小心。

爱挑拨离间者以获取自身利益为目的。在工作和生活中，爱挑拨离间者之所以要费尽心思地挑拨别人的关系，其原因就是想从被离间者的矛盾中获取某些利益，如果无利可图，他们是绝对不会花那么多心思的。这种人做了你的同事，你除了谨言慎行，和他保持距离外，最重要的是你得联络其他同事，建立联防及同盟关系，将他孤立起来，如果他向人挑拨和离间，不要为之所动。

爱挑拨离间的人，总是用小人伎俩来达到其不可告人的目的，而不是公平竞争。如果身边有这样的同事该有多么可怕，一旦成为这些小人离间的目标，那岂不悲惨至极了吗？其实只要掌握正确的应对技巧，我们完全可以从容应付这些爱挑拨离间的同事。

首先，我们要正直坦荡地应对爱挑拨离间的同事。我们一定要保证自己的言行正直坦荡，在和爱挑拨离间的同事相处时，更应当这样。当事人在听到挑拨离间的闲言碎语时不信、不传，平时行得正、站得直，既要做到自重（尊重自己），也要实现互重（尊重他人），这样挑拨离间者就没有了可乘之机。

其次，我们要以静制动地应对爱挑拨离间的同事。爱挑拨离间的同事总是忙忙碌碌地穿梭于其他同事之间，今天向这个同事告那个同事的“秘密”，明天又到那个同事面前造这个同事的谣言。其实应对这种小人作风的同事的最好方法就是以静制动。以静制动包括以下几个方面：一、减少来往。这些人一旦成为你的同事，在工作中他们经常会不厌其烦地把不利于你的是非辗转相告，这样会对你的情绪造成莫大的负面影响，以致影响你正常的工作，所以你应巧妙地拒绝和他们见面或不接他们的电话，此类人不宜过多交往。二、态度冷淡。对待爱挑拨离间的同事千万不要热情，更不要对他们传播的“秘闻”或“消息”积极应对，对这类同事的态度应该是冷淡、谨慎。三、保持冷静。当听到有人说自己的坏话，肆意贬低自己的消息时，表面上你仍需努力控制自己的情绪，保持头脑冷静。你可以这样回答："啊，是吗？让他们去说好了。"或者说："谢谢你告诉我这个消息，请放心，我不会与他们一般见识的。"如此，对方会感到没空子可钻，就不会再来纠缠不休了。

远离翻脸无情的人

"人上一百，形形色色"，在工作中，什么样性格的人都有。你或许也碰到过这样的同事，前一晚上他还和你称兄道弟，有说有笑，一起出去把酒言欢，可是到了第二天，他就来个大变脸，翻脸无情，和你关系降到冰点，甚至跟你反目成仇，而你还不知道是怎么回事，是什么原因造成了他的性情突变。

翻脸无情的同事最大的特征是翻脸像翻书一样，说翻就翻。在他翻脸的时候，你不能问他理由，你不用述说从前对他的恩情或者助益，他连一个字都听不进去的。

翻脸无情的同事好像是患了一种"恩将仇报病"。你对他的百般关爱，只需小事一件就能翻过去。这就像野心狼子一样，你养的时间越长，对你的危害就越大。这种情形，在连续剧的剧情里，经常能够看到。一般三十集的连续剧中，这种人能横行个二十九集半，但是到了最后，这种人却会受到应有的惩罚。

心理医生表明，翻脸无情的人大多存在心理疾病，他们自私自利，非常情绪化，从不顾及他人的感受，也从不感激别人对自己的好处，简直是“不知好歹”。

翻脸无情的同事到处都占便宜。他清楚每次他利用完一个人，并且找到新的利用对象的时候，就能翻脸了。

与这种翻脸无情的同事相处，就像是在千变万化的盛夏之中，或阴或晴，让人无所适从。而爱翻脸的人却觉得无所谓，反正每次翻的又不是同一个人，人们不仅记不住，更没有办法，只得自认倒霉。

假如你的同事是翻脸无情的人，和他合作的时候，千万要记住“留一手”。一旦事情都做完了，你就要防范他会翻脸。

与翻脸无情的同事相处，就像是在打一场艰苦卓绝的心理战争，你要想在这场战争中脱险，就得随时保持警觉，并思忖好对策。

翻脸无情的人会无视别人过去对他的百般恩情，说变脸就变脸。对付这种人，除了要对他们严加防范外，还有一个办法，那就是远离他们，不要与之产生任何瓜葛。

在翻脸无情的人之中，有相当的一部分人具有迷惑能力，他们在需要你的时候，会跟你极力搞好关系，让你对他们失去警戒心，把他们当成挚友，从而在你身上攫取所需之物。而一旦觉得你的利用价值不大的时候，他们就会迅速变脸，弃你而去，是典型的“白眼狼”型的人物。

采取不同的策略与同事和睦相处

每一个人都有自己独特的生活方式与性格。在办公室这块小天地中，有些人比较好相处，而另外一些人是不易打交道的，比如傲慢的人、死板的人、自尊心过强的人等等，要想与不同类型的同事融洽相处，你必须根据对方的性格特点，采取不同策略，灵活应对，才能达到与他们愉快相处的目的。

遇到雄才大略的同事时，要虚心地学习。雄才大略的同事，胸怀大志，眼界宽阔，而不计较一些小得失。他在工作的时候，不断充实自己。完成了工作以后，他常常会帮助和指导其他同事。雄才大略的同事，见识常常不同于常人，思考和逻辑方式也往往独具特色。他在时机不成熟的时候，能够忍耐，不管是卧薪尝胆或者是胯下之辱，他都可以欣然接受。然而，一旦时机成熟，他就会奋臂而起，就像大鹏一样展翅冲天，没有人能与之相争。遇到了雄才大略的同事，假如你们利害一致，大可共创一番大事业。假如一山不容二虎的话，也可以合纵起来图谋大业，或者各取所需。假如以上都行不通的话，你就应该全心全意地帮助这样的同事成功，自己多少也能落个识才的美名。遇到了这种同事，你应该有自知之明，知道他终究不是池中之物，有一天他肯定能超过你。要虚心地面对他，给他以实质上的帮助或肯定。这是一种投资，到时候肯定会得到回报的。

遇到踌躇满志的同事，尽量顺着他。踌躇满志的同事，对所有的事物都有他独到的见解。他很难接受同事们的意见，假如你的确聪明的话，也不用和他辩。应该明白，一个很少失败的人，是因为他的高智商，而绝不是他的运气。你应该确信“智商”这两个字的巨大作用，虽然很好写，可是不容易理解。你在他的面前不能随便出点子，应该照着他的意思去做。当然与这种同事共事，有时也不能太顺着他了，应该让他也尝一尝失败的滋味，才能真正地帮助他。

敬业乐群的同事，工作很卖力气。敬业乐群的人，因为工作态度以及做事方法正确，很受公司的肯定以及同事们的爱戴。这种同事，不管是你的主管、同事或者部下，在与他一起工作的时候，你要学会与他一样地敬业乐群。一旦你不那样做的话，你肯定会被他比下去的。

遇到过于死板的同事，你不必在意他的冷面孔，相反，应该热情洋溢，以你的热情来化解他的冷漠，并仔细观察他的言行举止，寻找出他感兴趣的问题和比较关心的事进行交流。与这种人打交道你一定要有耐心，不要急于求成。只要你和他有了共同的话题，相信他的那种死板会荡然无存，而且会表现出少有的热情。这样一来，你们就可以建立比较和谐的关系了。

遇到急性子的同事，你的头脑一定要保持冷静，对他的莽撞，你完全可以采用宽容的态度，一笑置之，尽量避免争吵。

遇到刻薄的同事，要拉开距离。刻薄的人在与人发生争执时好揭人短，且不留余地和情面。他们惯于冷言冷语，挖人隐私，常以取笑别人为乐，行为离谱，不讲道德，得理不让人。他们会让得罪自己的人在众人面前丢尽面子，在同事中抬不起头。碰到这样的同事，你要与他拉开距离，尽量不去招惹他。吃一点小亏，受一两句闲话，也应装作没听见，不恼不怒，与他保持相应的距离。

与过于傲慢的同事相处，难免会产生不快，但有些时候你必须要和他们接触。这时，你不妨采取这样的措施：其一，尽量减少与他相处的时间。在和他相处的有限时间里，你尽量充分地表达自己的意见，不给他表现傲慢的机会。其二，交谈言简意赅。尽量用短句子来清楚地说明你的来意和要求，给对方一个干脆利落的印象，也使他难以施展傲气，即使想摆架子也摆不上。

遇到好胜的同事，要谦让。有些同事狂妄自大，喜欢炫耀，总是不失时机地自我表现一番，竭力显示出高人一等的样子，在各个方面都好占上风。对于这种人，许多人虽然是看不惯，但为不伤害大家的和气，总是时时处处地谦让着他。可是在有些情况下，你的迁就忍让，却会被他当做是一种软弱，反而更不尊重你，或者瞧不起你。对这种人，你要在适当时机挫其锐气，使他知道，山外有山，楼外有楼，不要不知道天高地厚。

遇到溜须拍马的同事，不能与他为敌，更不能得罪他。要与他搞好关系，平日见面还需笑脸相迎，因为他溜须拍马对你无害。如果你有意孤立他，或招惹他，那他往往把你当成向上爬的垫脚石，暗中算计你。

遇到城府较深的同事，要有所防范。这种人对事物不乏独立的见解，但是时机不成熟的时候，他绝不轻易表达自己的意见。这种人在和别人交往时，一般都工于心计，总是把真面目隐藏起来，希望更多地了解对方，从而能在交往中处于主动的地位，周旋在各种矛盾中而立于不败之地。和这种人打交道，你一定要有所防范，不要让他完全掌握你的全部秘密和底细，更不要为他们所利用，从而陷在他的圈套之中而不能自拔。

遇到愤世嫉俗的同事，睁只眼闭只眼。那些愤世嫉俗的人，对社会上的某些现象很看不惯，觉得社会变了，风气不古，人心险恶，简直都不能再活下去了。与愤世嫉俗的人在一起工作，说不上是好还是不好。如果他所愤恨的事情并不是公司的福利制度，对你来讲那只不过是他的个人行为，大可不必计较。如果有一天这种同事对公司的制度、福利有意见的时候，你就有可能沾光了。他常常能牺牲自己，为同事们的福利去据理力争。

与口蜜腹剑的同事相处，最好的应付方式是敬而远之，能避就避，能躲就躲。要懂得口蜜腹剑的人“明是一盆火，暗是一把刀”。假如他是负责检查你工作的人，你必须装成愚蠢的样子，他让你做什么事情，你全都唯唯诺诺地答应下来。他和气，你应该比他还要和气。他笑着和你谈事情，你应该笑着使劲点头。如果他让你做的事情太毒了，你也不要当面回绝或者与他翻脸，你只需笑着推诿就行了。